Bärbel Mohr

Guia do verdadeiro milionário

Como lidar de forma sensata com a riqueza material por meio da riqueza interior

Créditos

Título da edição original: *Shopping-guide für inneren reichtum*
© 2007 by Bärbel Mohr.
All rights reserved.

Direitos da edição em Português © 2010.
Editora Vida & Consciência Ltda.
Todos os direitos reservados.

Direção de Arte: Luiz Antonio Gasparetto
Projeto Gráfico: Daniel Pecly
Diagramação: Marina Ávila
Edição e Revisão: Fernanda Rizzo Sanchez
Tradução: Bianca Wandt

1ª edição – Maio 2010
3.000 exemplares

Dados Internacionais de Catalogação na Publicação (CIP)
(Câmara Brasileira do Livro, SP, Brasil)

Mohr, Bärbel
Guia do verdadeiro milionário / Bärbel Mohr;
[tradução Bianca Wandt]. – São Paulo
Centro de Estudos Vida & Consciência Editora.
Título original: *Shopping-guide für inneren reichtum*
Bibliografia.
ISBN 978-85-7722-078-6
1. Dinheiro - Administração 2. Dinheiro - Aspectos psicológicos 3. Finanças pessoais 4. Planejamento
5. Investimentos
I. Título.

09-11823   CDD-332.024

Índice para catálogo sistemático:
1. Finanças pessoais : Economia financeira 332.024

Publicação, distribuição, impressão e acabamento
Centro de Estudos Vida & Consciência Editora Ltda.
Rua Agostinho Gomes, 2312
Ipiranga – CEP 04206-001
São Paulo – SP – Brasil
Fone/Fax: (11) 3577-3200 / 3577-3201
E-mail: grafica@vidaeconsciencia.com.br
Site: www.vidaeconsciencia.com.br

Proibida a reprodução total ou parcial desta obra, de qualquer forma ou por qualquer meio eletrônico, mecânico, inclusive através de processos xerográficos, sem permissão expressa do editor (Lei nº 5.988, de 14/12/73).

Prólogo

Todos querem ser milionários, mas ninguém diz como se manter nessa posição nem como ser feliz com dinheiro.

Para uma nova sociedade que, aos poucos, vem se fazendo necessária, precisamos de uma nova forma de se lidar com o dinheiro, especialmente por parte das pessoas que têm mais e que, por conseguinte, podem realizar mais.

Todavia, sem riqueza interior é pouco provável que alguém, por um lado, consiga lidar com dinheiro de maneira responsável e, por outro, consiga lidar de forma que se sinta emocionalmente realizado. Quem é realizado emocionalmente, via de regra, compra e investe de modo totalmente diferente daquele que, por meio de suas aquisições, tenta preencher seu vazio interior.

Segundo o plano original, pretendia escrever este livro sob forma de um guia para o verdadeiro milionário, em pequena tiragem, para venda no meu *website*, porque pensava que não haveria tantos milionários assim. Mas meu editor me esclareceu: de acordo com o jornal *Financial Times*, o número de milionários na Alemanha, atualmente, é estimado em 798.000. Em 10 anos, o jornal acredita que esse número se eleve para 1,02 milhões. Além dos outros dois países de língua alemã, Áustria e Suíça. Caso apenas 10% dos milionários alemães atuais se interessem pela riqueza interior, então, isso já será o equivalente a 80.000 leitores em potencial.

Assim, deixei o livro nas mãos de Konrad e da Editora Koha. Pouco antes da impressão, decidimos mudar o título original *Guia prático de compras para milionários* para *Guia do verdadeiro milionário – Como lidar de forma sensata com a riqueza material por meio da riqueza interior*.

Livros sobre como lidar com o dinheiro ou como se tornar milionário (*Der weg zum millionäre* – O caminho para ser um milionário, de Kurt Tepperwein ou *A ciência de ficar rico*, de Wallace Wattles) já existem em abundância. Todos querem ser milionários, mas quando já se tornaram, não há mais guias de informações úteis sobre o que se deve fazer. Mas a sabedoria de como ser feliz com a riqueza não vem automaticamente.

Por fim, a vida acabou me levando a escrever (veja na *Introdução*) um pouquinho a esse respeito.

Mais de 90% dos ganhadores da loteria perdem seu dinheiro num curto espaço de tempo.

A propósito, caso passem por aqui leitores que não pertençam ao público-alvo e que, talvez, queiram se preparar para sua futura existência milionária, de modo que não percam, quase que imediatamente – conforme acontece a 90% dos ganhadores da loteria! – seus milhões *encomendados*, ganhos, herdados ou recebidos por meio de seu trabalho, eis aqui mais uma dica:

Observe seu sentimento, quando gastar dinheiro. Você se sente bem com isso? Você pensa: "Caro dinheiro, com alegria o devolvo ao ciclo de energia. Eu lhe peço para que propague a consciência afável e a relação holística com você, contagiando, assim, todas as pessoas pelas mãos de quem você passar. E, com todo prazer, pode voltar multiplicado para mim"?

Se você pensa algo muito diferente disso, em seu lugar, eu refletiria sobre a relação com o dinheiro.

Como é quando você recebe dinheiro? O que você pensa, o que sente então? Algo como o que se segue: "Caro dinheiro, não importando se é muito ou pouco, seja bem-vindo aqui comigo e, assim, ofereço-lhe todo o meu amor e boas energias, para contribuir, fazendo a minha parte, no processo de cura da *consciência acerca do dinheiro* neste planeta".

Mais uma vez – se você pensa algo muito diferente disso, em seu lugar, eu refletiria sobre a relação com o dinheiro.

Por duas razões:

Em primeiro lugar, se todas às vezes em que estiver lidando com dinheiro, não importando se gastando ou recebendo, você se sente mal, como resultado, seu subconsciente vai defendê-lo, automaticamente, desse "dinheiro mau" que lhe causa tantos sentimentos ruins e vai mantê-lo longe de você!

Esse é um dos motivos pelos quais mais de 90% dos ganhadores da loteria arruínam a si mesmos, dentro do período de um ano. Seu subconsciente entra em estado de alarme e os quer salvar do "dinheiro mau". Como os seus automatismos subconscientes podem querer saber que você quer manter o dinheiro que ganhou ou então herdou, se você, permanentemente, associa sentimentos ruins a ele?

E, em segundo lugar: se você tem sentimentos ruins, ao gastar e ao receber dinheiro, então, você concede uma energia ruim a todo dinheiro que passar por suas mãos ou por sua conta bancária. Assim, se o mundo não aprende a usar o dinheiro de forma sensata e para o bem de todos, energeticamente, você tem participação direta nesse particular. A esse respeito, já temos bons e suficientes exemplos (só posso pensar em Yunus do *Grameen Bank*[1] e em Götz Werner[2] com suas sugestões sobre *salário básico* para todos).

Assim como em todos os meus livros, neste também foi escolhida a forma de tratamento "você" para me dirigir ao leitor. Se, por acaso, encontrarmo-nos pessoalmente, algum dia, em algum lugar, o mesmo vale para mim: estou de acordo com o "você". Os que consideram mais agradável a forma de tratamento "senhora/senhor" para pessoas não-íntimas como eu, por favor, sintam-se igualmente à vontade para elegerem essa forma, pois, do mesmo modo, estou de acordo com ela[3].

Felicidades na leitura é o que deseja
Bärbel Mohr

---

[1] O Grameen Bank, localizado em Bangladesh é o primeiro Banco do mundo especializado em microcrédito e foi concebido pelo professor bengalês Muhammad Yunus em 1976, visando erradicar a pobreza no mundo. Opera como empresa privada autossustentável e gerou lucros em quase todas os anos de sua operação, exceto no ano de sua fundação e em 1991 e 1992 (Nota da Edição).
[2] Götz Werner, 62 anos, alemão, é autor do livro *Einkommen für Alle* (Renda Para Todos) onde defende um salário básico para todos, que deveria ser financiado por um imposto de consumo. Em troca, os outros impostos seriam abolidos, dando fim à sociedade consumista e proporcionando um trabalho prazeroso e, sobretudo, com sentido (N.E.)
[3] A língua alemã tem formas de tratamento informal e formal. A informalidade no tratamento (chamar de *você*) com quem não se é íntimo, de maneira geral, pode ser percebida como uma grande ofensa. Por esse motivo, a autora tem o cuidado de orientar seus leitores a respeito de sua maneira de pensar, a fim de evitar possíveis constrangimentos futuros (Nota da Tradução).

Sumário

10 *Introdução*

19 Querendo ou não, todo milionário também governa um pouquinho o mundo

25 A *Síndrome do Pop Star* dentre os milionários

35 Encontre a si mesmo que o resto se encontra por si só

41 Seguindo a vocação e o *"plano da alma"*

47 Rico no mundo exterior, rico no mundo interior

55 As vantagens da inveja e como se proteger das suas desvantagens

69 O quê e como comprar?

83 Como lidar com profissionais incapazes que, como pessoas, são importantes e queridos para nós

95 Eficácia ao se dar dinheiro "de presente": difícil, mas possível

107 Ultrapassando limites

113 Filhos, filhos

119 Revelar escândalos ou deixar que se dissipem na consciência do Todo?

129 Tenha coragem!

135 Transformando o exterior em interior

139 Entrevistas com milionários felizes

153 Energização individual com Thomaz Green Morton no Brasil

177 Você é luz e amor

185 Compulsão consumista ou livre decisão de compra?

193 Exercícios

211 *Anexo*

Introdução

Quando eu era criança, ensinaram-me que livros eram preciosos e que, por esse motivo, não se deveria rabiscá-los. Nunca pude me ater a essa regra, pois, para mim, livros são "livros de trabalho" e eu, com especial alegria, saio colorindo e marcando neles coisas de que gosto bastante e das quais gostaria de me lembrar.

Para isso, eu gostaria também de convidá-lo, leitor: rabisque tanto quanto queira, para que, depois, encontre o que procura, com mais facilidade. Possivelmente, uma coisa ou outra você desejará mudar, usar, experimentar. Com isso, é bom que você possa encontrar, sem dificuldades, o trecho em questão.

Como surgiu este guia

Na verdade, foi com intenção de brincadeira que, na ocasião de nosso encontro anual para cantarmos músicas de Natal, Michael, um terapeuta alternativo, disse-me: "Escreva um guia para milionários!".

Nós éramos quatro casais e, na residência de um casal de médicos, que possui um magnífico piano de cauda e um excelente órgão, cantávamos, em mais alto som, nossas músicas de Natal prediletas. Em parte, até mesmo mudando versos do texto, quando já nos pareciam ultrapassados.

Em algum momento, houve uma pausa na cantoria e começamos a conversar sobre tudo que se possa imaginar. De um tema a outro, a uma determinada altura, tocamos nas histórias de dois multimilionários que, segundo dizem, apesar ou mesmo por causa de todo o seu dinheiro, são mais frustrados do que qualquer um. Eles até gostariam de ter empregado seu dinheiro de modo sensato, mas não sabiam ao certo o que, na verdade, deveriam considerar como "sensato".

Foi esse o momento em que Michael me sugeriu que eu escrevesse um guia para milionários.

"Legal a ideia. Mas, sabe, eu tenho um fichário com aproximadamente cinquenta boas ideias. É impossível que eu consiga escrever livros sobre tudo o que me ocorre, sobre todas as ideias que me são sugeridas. Se há realmente energia na ideia, então, acontece o livro, do contrário, não. E, para dizer a verdade, eu acho que nada acontecerá em relação a essa." Foi minha primeira impressão e todos assentiram, compreensivamente, com a cabeça.

Nas semanas que se seguiram, algo muito estranho se passou. De repente, quase todos os meus amigos pareciam conhecer milionários e multimilionários – com as histórias mais espantosas – e, alguns deles, eu acabei conhecendo pessoalmente. No mínimo a metade dos que apareceram no meu ambiente, dessa maneira, tinha os mesmos problemas: o enorme desgaste com a inveja dos outros e a eterna incerteza se alguém era um amigo de verdade ou um amigo de seu dinheiro. Eles se identificavam completamente por meio do que faziam e de sua riqueza e, internamente, sentiam-se vazios e dilacerados face à simples ideia de, por um determinado tempo, vivenciar o sossego e o silêncio sem um objetivo concreto – apesar de que, por outro lado, era exatamente isso que ansiavam! Além disso, nem todos eram saudáveis.

Então, foi como se as energias em torno deste guia já estivessem concentradas.

Sobrenome Soros – o mesmo se lê de frente para trás e de trás para a frente

Pouco tempo depois de nossa cantoria de Natal, apenas citando como exemplo, alguém me enviou um artigo sobre *George Soros* (multimilionário com negócios na bolsa de valores). De tempos em tempos, sempre lia alguma coisa sobre ele. Muitas vezes me pareceu que ele diria assim: "Filhos, retirem seu dinheiro da bolsa, isso tudo é bobagem – senão eu o pego para mim". As pessoas não retiram o dinheiro, "pegam-no" para si próprias e o maldizem.

Para teóricos da conspiração, ele é, naturalmente, a "síntese do mal". Como se pode obrigar o Banco Nacional Inglês a desvalorizar a libra esterlina e você mesmo faturar milhões e milhões com isso?! Mau, mau, absolutamente, inteiramente mau. Esse foi apenas o ápice de uma interminável série de acontecimentos.

Um exército de pessoas escreve e discursa sobre o fato de o sistema ser doente, e alguém nos mostra isso de forma patente. É mais ou menos como se ele tivesse colocado um imenso espelho debaixo do nariz do mundo. O mundo tem a escolha de aprender alguma coisa ou de não aprender nada com a imagem selvagem que se formou – e George Soros continua faturando com isso! De outro modo, nós não percebemos o quão grotesco é o sistema. Alguém tem mesmo de mostrar!

Eu, pessoalmente, não quero ter o seu posto, mas não encontro em mim nenhum sentimento que simplesmente possa condenar, com clareza, as suas atividades. Pode-se enxergá-las, desta ou daquela forma, assim como o seu sobrenome, que se lê de forma idêntica, de frente para trás e de trás para a frente.

A doença dos milionários

Logo após o Ano-Novo, um amigo me contou que um riquíssimo

amigo de seu amigo morreu devido à frustração. Ele simplesmente não pôde mais suportar que cada pessoa que vinha a seu encontro tivesse apenas uma única intenção, quer dizer, de alguma forma, ganhar dinheiro "em cima" de seus milhões, sempre lhe dar "facadas" ou coisa parecida.

Quando os médicos disseram-lhe que teria apenas mais um ano de vida, tudo ficou ainda pior: os herdeiros ficaram altamente encantados com isso e já esfregavam as mãos. O milionário percebeu tudo muito claramente e não conseguiu mais suportar. Sequer esperou um ano, morreu logo – para a alegria dos herdeiros. Agora, vamos ver quanto tempo eles vão se manter saudáveis. Esperemos o melhor.

Seu abastado e bom amigo ficou tão chocado que começou a dissolver seu império empresarial, a fim de buscar novos caminhos para si mesmo. Ele não queria, de maneira nenhuma, acabar como o amigo! A sombria disposição de ânimo e a frustração de seu amigo ele também conhecia por experiência própria.

Nas semanas que sucederam, muitas vezes, essa história se repetiu, de maneira bastante parecida, no meu círculo de amizades. Eu mal podia acreditar. Mas só o dinheiro não pode ser o que torna as pessoas doentes. Certamente há algo muito importante que se deve saber, quando se quer ser feliz com muito dinheiro.

Parabéns, Oprah!

Oprah Winfrey, a mais famosa apresentadora de *talk-shows* dos Estados Unidos, construiu, com cerca de trinta milhões de euros, um internato de luxo para meninas pobres, na África do Sul, conforme informado pelos meios de comunicação. E o que o mundo faz? Reclama! Luxo demais para meninas pobres. Há um *Wellness-Center* (lugar tipo um SPA urbano) com espaço para yoga e tudo mais. Mesmo os arquitetos locais tiveram dificuldade para entender o que Oprah queria. Primeiramente, vieram com projetos que mais se assemelhavam a galinheiros e que, naturalmente, não receberam a mínima consideração por parte da *chefe*.

Na minha opinião, o projeto parece ser muito adequado. Ela quer formar, para posições de liderança, meninas que mais tarde sejam capazes de contribuir com visíveis novas ideias para seu país. Se elas tivessem sua formação num desestimulante ambiente parecido com um "galinheiro" e mantivessem seu complexo de inferioridade em relação ao mundo que, mais tarde deverão mudar, como isso poderia dar certo?

Oprah me parece um bom exemplo de milionária que faz o certo. Com toda certeza ela não precisa do meu guia. Tudo soa como se gastasse seu dinheiro com alegria, estilo próprio, visões positivas e engajamento. De um total de três mil e quinhentas candidatas a vagas na escola, Oprah esteve pessoalmente com as quinhentas finalistas e, dentre elas, escolheu cento e cinquenta meninas. E a escola ficou do jeito que ela queria, sem tirar nem pôr. Pelo menos é o que divulgaram os meios de comunicação.

A propósito, você sabia que engajamento social, guiado pela alegria – não importando se se é pobre, rico, ou algo entre uma coisa e outra – torna-nos mais saudáveis? Há um reforço do sistema imunológico quando se contribui para com o Todo. Psicologicamente, esse sentimento se traduz, diretamente, em uma saúde estável! Todavia, se alguém o faz apenas pela boa reputação, sem paixão ou para desviar a atenção de si mesmo, então, isso torna a pessoa mais doente do que saudável.

Porsche e telefonistas

Hoje é dia 4 de janeiro, falando apenas por falar. A cantoria de Natal não foi há tanto tempo assim. Desde então, apareceram cerca de quinze milionários em minha caminhada. Um deles, há alguns anos, teve o sentimento mais sensacional de sua vida, ao entrar em um Porsche para fazer um *test drive*, sabendo que, logo depois, iria comprá-lo. Ter essa potência toda só para si, um carro com tanto estilo, tão esportivo! E ele era seu, ah, que maravilha!

O sentimento bom durou três dias e, depois disso, desapareceu. O lindo Porsche é, em termos de sentimento, o que não poderia deixar de ser: um mero meio de transporte como qualquer outro carro também o é. E, diante da vida, seu proprietário não sabe o que fazer, e procura, ao seu redor, o lugar onde ele poderia reaver o bom sentimento. Eu adoraria ter-lhe prescrito um *Seminário de Felicidade*[4].

O que acaba de passar na televisão? Um filme sobre um milionário que abandona sua companheira de muitos anos para ficar com uma telefonista. Ele estava tão feliz com ela que fê-la sua única herdeira. Logo depois, faleceu.

Isso me contava um amigo ao telefone, quando, de repente, tocou a campainha e era uma amiga trazendo notícias sobre outro milionário que empregara seu dinheiro para salvar dependentes químicos e lhes possibilitar a libertação das drogas. Ao contrário de sua atividade normal, esta o inspirava imensamente.

O telefone tocou mais uma vez, e era o mesmo amigo de antes, perguntando quando meu guia para multimilionários estaria pronto, pois ele tinha um amigo que, apesar das inúmeras casas que possuía ao redor do mundo, não sentia mais alegria por nada e estava quase morto de tanta infelicidade. Porque essa pessoa era muito legal, meu amigo queria lhe dar o meu livro de presente!

Eu respondi: "Humm, vamos ver, se o livro for mesmo acontecer, eu lhe digo".

No dia seguinte, mais um telefonema: "Diga-me, você vai escrever

---
4 Sugestões de *Seminários de Felicidade* e similares estão disponíveis em meu website www.baerbelmohr.de em "Wunschprojekte" (Nota da Autora).

mesmo agora esse guia para multimilionários? Eu preciso urgentemente dele para cerca de dez clientes meus".

"Olha, tudo bem, vou escrever um pouquinho amanhã".

Nada de amanhã, eu fiquei foi a noite inteira escrevendo e meus pensamentos davam voltas em torno de minhas experiências, na época do *showbusiness*, a respeito do que *pop stars* e milionários teriam em comum. Pois, há vinte anos, quando trabalhava com as celebridades "meia-boca" do *showbiz*, já havia percebido que existem tanto as felizes quanto as torturadas pela infelicidade. E isso se devia, muito claramente, ao que uma fazia de certo e a outra, de errado.

Primeiramente, eu ficava acendendo e apagando a luz para poder anotar tudo o que me ocorria. No fim das contas fui tomada por uma vontade tão violenta de escrever, que me levantei, de vez, no meio da noite, e escrevi as dez primeiras páginas deste guia! E então, de alguma forma, ficou claro que eu ainda escreveria o resto.

Na manhã seguinte tocou o telefone de novo e, mais uma vez, outro amigo me informou que um amigo dele teria interesse em distribuir na América o "Guia do verdadeiro milionário". O que eu poderia fazer? Certamente já era mesmo chegada a hora de continuar a escrever.

Para ter certeza de que deveria mesmo continuar a escrever, a vida fez com que me ligasse uma milionária que gostaria de se encontrar comigo, para uma "sessão" de *brainstorming*, pois ela queria investir a quantia de um milhão em um projeto para crianças. Nunca antes tive uma procura desse tipo!

Ela também não foi a última a me ligar, mas acho que os exemplos já foram suficientes, e, para mim, também já bastaram.

A meu ver, ficou claro que, no projeto deste livro, havia energia em grande dose para sua realização e que eu escreveria o mais rapidamente que pudesse! Independentemente se o livro vier a ser lido por trinta ou por cem pessoas. Não importa. Eu confio no Universo e no fato de ele saber por que faz coisas do gênero. Além disso, tenho imenso prazer nesse projeto. Sendo assim, quem se importaria com quantas pessoas o lerão depois de pronto?

QUERENDO OU NÃO, TODO MILIONÁRIO TAMBÉM GOVERNA UM POUQUINHO O MUNDO

Multimilionários e bilionários também governam um pouquinho o mundo, quer queiram, quer não. A menos para mim, isso parece ser lógica simples por vários motivos.

Tomemos como exemplo um político comum com suas – comparadas aos rendimentos mensais de um industrial – mínimas remunerações, que, todavia, a maior parte dos cidadãos não pode se dar ao luxo.

Há alguns anos, conheci um senhor que, em sua juventude, ganhou dezessete milhões[5]. Ele me contou que, naquela época, isso foi relativamente fácil. Quando ele, então, estabeleceu-se no mercado, o dinheiro parecia que vinha por si só. Algum tempo depois, ele vendeu a empresa por muito dinheiro e, aliás, até hoje, ela ainda continua funcionando com todo o sucesso. Entretanto, ele entregou o dinheiro a diferentes investidores e, você tem três chances para adivinhar o que aconteceu... Hoje em dia ele está completamente falido! Independentemente de quantas vezes ele tenha trocado de

---
5 A autora não especifica em qual moeda (N.T.).

investidor, cada um lhe custou alguns milhões. Antes que percebesse que, em se tratando de investimento de dinheiro, ele não poderia simplesmente transferir toda a responsabilidade para os assim chamados *"experts"*, já era tarde demais.

Antigamente, diversas vezes passei exatamente por essa experiência. Mas todas às vezes, somente dentro dos limites de meu capital pessoal com o qual podia "mexer", de modo que os prejuízos, embora tenham sido de fato muito tristes, jamais foram dramáticos.

Quanto mais eu ganho, mais percebo como o dinheiro me obriga a aprender um tanto sobre a minha relação com ele. Se não for assim, ele me abandona. Há tempos que já compreendi por que tantos apresentadores de televisão fazem propaganda das coisas mais esquisitas, sem se sentirem ridículos com isso: eles gostariam de, finalmente, ganhar tanto dinheiro como todos pensam que eles já têm.

Em pouco tempo já fiquei convencida de que administrar dinheiro requer capacidades especiais e uma maneira clara e muito bem estruturada de pensar. Não importa o que se faça com o dinheiro, coisas boas ou ruins. É preciso saber como lidar com ele, senão, rapidamente, se fica sem novamente. Pode-se aprender isso, claro, mas a menor parte das pessoas nasce com esse dom.

Certamente não estou lhe contando nada novo. Uma consultora fiscal me relatou, certa vez, que 98% de todas as pessoas que ficam ricas de repente (herança, prêmio, repentino sucesso empresarial) vão à falência dentro do período de um ano e suas posses são reduzidas a menos do que tinham antes de enriquecerem. Após esse período, muitos ficam, inclusive, endividados até a raiz dos cabelos. Todavia, o problema foi que enriqueceram rápido demais e não tiveram tempo suficiente para aprender a lidar com a riqueza.

Ora, governar um país, certamente, também tem algo a ver com isso, administrar grandes quantias de dinheiro. Aliás, quantias infinitamente maiores do que já se aprendeu a administrar em nível particular.

Aha! E então chegamos ao ponto crítico. Caso se depositasse, na conta particular de 98% de todos os políticos, os bilhões do governo que eles administram, provavelmente, eles também iriam à falência dentro de um ano, exatamente como as outras pessoas! Por quê? Porque eles são apenas seres humanos como os outros também o são e, da mesma forma, por si sós, sabem lidar tão pouco com dinheiro.

No entanto, eles são eleitos para assumirem uma posição de muita responsabilidade e, devido à profissão, têm de lidar com essa soma. De certo que na política também há sempre cabeças geniais que sabem lidar muito bem com o dinheiro, embora, junto a elas, sempre haja o perigo de fracassarem no sistema.

Com certeza, o mundo, de uma maneira ou de outra, é mesmo feito de pequenas peças de quebra-cabeça e o extenuado sistema financeiro, pessoalmente, considero muito mais como um sintoma do que uma doença. Por esse motivo, nunca me preocupei muito com detalhes do sintoma. Nisso, eu vejo a doença muito mais como a "queda" da unidade de todo o ser (veja o capítulo "Transformando o exterior em interior", página 135).

Se as pessoas alcançassem a consciência de sua verdadeira unidade, por si sós, elas resolveriam a maioria dos problemas, que não são nada menos do que sintomas da ilusão da separação – sem que fosse preciso lutar muito contra eles.

Mas quem então é capaz de lidar com tais somas? Ora, claro, você, como milionário/milionária, caso contrário, não seria um/uma. Com toda certeza, você já está apto, tem certa estrutura e clareza de pensamento, além da capacidade de manter uma visão de conjunto sobre quantias gigantescas.

Se eu fosse uma nova bilionária (para o projeto, um único milhão não seria mais suficiente), provavelmente eu faria doações – de modo parecido com o *Grameen Bank*[6] em Bangladesh – de cursos sobre como lidar com dinheiro para todos aqueles cujos conhecimentos

---

6 Caso você se interesse por mais detalhes, em minha revista on-line gratuita há um artigo sobre o *Grameen Bank*. Entrementes, Muhammad Yunus tem um volume de negócios bilionário e é uma pessoa adorável, criativa e em paz consigo mesmo (N.A.).

nessa área fossem importantes para a sociedade. No ano de 2000, para uma entrevista em vídeo, visitei, em seu banco, Muhammad Yunus, fundador e proprietário do *Grameen Bank*. Em 2006, quando ele recebeu o Prêmio Nobel da Paz, fiquei enormemente feliz!

De todo modo, ele só perdoa dívidas de empréstimos sob a condição de que as pessoas participem de um curso sobre como lidar com dinheiro. A taxa de reembolso (de empréstimos; microcréditos) de 98,92% (em 12/2006; ver www. GrameenFoundation.org) lhe dá razão!

Segundo Yunus, o Banco industrial de Bangladesh, a propósito, possui uma taxa de reembolso de 10%! Yunus, inclusive, nega-se a continuar chamando-o de *Banco*. Ele chama de *"Charity for the rich Institute"* – Instituto de Caridade para Ricos. Questionado sobre sua receita de sucesso, Yunus diz:

Eu observei o que fazem os Bancos normais e fiz exatamente o contrário, em todos os aspectos.

E, assim, retornando ao tema deste capítulo: milionários sempre governam um pouquinho o mundo, mesmo os que nem querem isso. Resumindo:

• Milionários são capazes de administrar milhões ou bilhões que, ao contrário, quase ninguém é capaz.
• Eles têm a estrutura, a clareza e a visão geral para lidar com tais quantias, sem se embaralharem. Apenas uma pequeníssima fração das pessoas é capaz de tal domínio.
• E, predominantemente, elas fazem com o dinheiro o que querem, e não o contrário. Se fosse o contrário, estariam rapidamente falidas, do mesmo modo que a maioria das outras pessoas.

Supostamente, 98% do capital do mundo pertence a apenas 2% das pessoas (os números, que se leem aqui, variam muito pouco). É como no caso dos ganhadores da loteria. Parece que também apenas 2% estariam, espontaneamente, dispostos a lidarem, de maneira sensata, com um prêmio de milhões.

De uma maneira ou de outra, se você pertence a esses 2% que dividem, entre si, os 98% do capital mundial, então, em tudo o que faz e investe, você confere ao mundo um pouco mais da sua marca pessoal. E, às vezes, por certo, até mais do que qualquer político.

Mas milionários e diretores de grandes companhias, via de regra, não são reeleitos a cada quatro anos e certamente têm pouco interesse de, em quatro anos, começar tudo novamente, do zero, como tantos políticos, inevitavelmente, fazem. Em comparação com um político, a "sobrevida" de sua posição na economia como milionário é muito mais longa.

Pelo simples fato de que suas decisões deixam marcas por mais tempo no mercado mundial que as de um político. Ainda que na ocupação dos cargos políticos, eventualmente, um ou outro de vocês tenha, geralmente, seu dedo no jogo muito mais do que se possa supor...

Nesse caso, posso expressar um desejo? Eu adoraria ter Hape Kerkeling[7] como novo chanceler alemão, para podermos ter mais humor na política alemã! (não se preocupem, é só uma piadinha, provavelmente o Hape agarraria no meu pescoço se lesse isso).

Desta maneira ou de outra, se vocês se misturam na política ou não, a mim interessa mais a unidade de todas as pessoas e o aspecto de que a massa de não-milionários também influencia todos os milionários e o contrário. Nenhuma pessoa, monstro, marciano ou quem quer que seja poderia ganhar dinheiro com *fast-food* de baixa qualidade, se ninguém comprasse e comesse isso. Sendo assim, eu, na qualidade de consumidora, tenho, nisso, tanto influência quanto responsabilidade por conivência, a respeito de com o quê se ganha dinheiro.

Então, retornemos aos milionários que percebem que também governam o mundo, mas estão fartos disso. Conforme já mencionado no início do livro, logo após nossa cantoria de Natal, apareceram em meu ambiente várias pessoas que exatamente por causa desses milhões, estavam muito doentes ou, no mínimo, frustradas, até severamente deprimidas e, em parte, sentiam-se sobrecarregadas com a

---
7 Jovem comediante alemão da atualidade (N.T.).

responsabilidade. E, pelo visto, dois ou três até mesmo faleceram em decorrência dessas coisas.

Não importa quem cada um desses milionários encontrou, quando ou onde. Todos os que ouviram que algum deles teve algo a ver com o lendário *Tio Patinhas* (nome do investidor modificado pelo editorial), no mínimo, arregalaram os olhos maquinando: *Como eu poderia dar uma "facada" nele e ganhar um pouco em cima de seus milhões?*. Quem o milionário era como pessoa era algo "interessante" apenas se visto por um único ângulo, em outras palavras, o aspecto de ser apto a levar *"facadas"*: *Que técnica funciona melhor com esse milionário para se "lucrar" bastante?*. Falando com toda a honestidade, esses tristes milionários sofriam de *Síndrome do Pop Star* e isso é, em princípio, perfeitamente curável.

A *SÍNDROME DO POP STAR* DENTRE OS MILIONÁRIOS

Grandes industriais e demais milionários também podem sofrer da "Síndrome do *Pop Star*". Isso me ficou claro, assim que ouvi falar nos cinco milionários que estavam doentes e eram frustrados porque não suportavam mais o fato de todos quererem unicamente "lucrar" com eles. No caso dos *pop stars* é um pouquinho diferente, mas o tratamento funciona exatamente da mesma forma.

Com vinte e poucos anos, eu tive um namorado durante um ano e meio que era fotógrafo de *pop stars*. Em algum momento, fui promovida a assistente fotográfica e conheci, pessoalmente, muitas *estrelas*. Estávamos no fim dos anos oitenta. Elas tinham um problema bastante parecido, como muitos milionários.

Ninguém, mas ninguém mesmo, se interessa pela pessoa verdadeira que existe por trás do *pop star*. Ou as pessoas o bajulam, porque precisam dele profissionalmente, ou então, porque querem, com isso, ostentar em casa que trocaram algumas palavras com ele. Muito pior é quando se trata de fãs completamente apaixonados.

Agora você, como milionário, poderia dizer: "*Siiim*, os fãs, eles, pelo menos, são apaixonados. No nosso caso, as pessoas só fingem que são apaixonadas por causa dos 'ajustes' após a separação". Mas isso não é bem assim. Os fãs são apaixonados, sim, mas pela *ideia* que eles fazem do ídolo em seus sonhos. A realidade é sempre diferente. Mas ninguém quer saber. E é exatamente isso que causa a frustração.

Eu me lembro de uma banda muito famosa que eu só conhecia por fotografia e que nós acompanhamos para uma sessão de fotos durante sua turnê. De acordo com as fotos de revista, eu julguei que a estrela da banda (claro, o cantor) fosse arrogante, lacônico, frio e entupido de drogas. Achei que ele "tinha cara" dessas coisas.

Eu quase caí para trás quando o conheci pessoalmente. O sujeito foi escoteiro, contou às crianças após o show, e tinha de ir para o hotel, porque precisava de seu copo de leite quente e de um bom sono, para poder estar bem-disposto no show do dia seguinte. Falar? Ele o fazia o tempo todo, rápida, longa e ininterruptamente. Nunca antes eu havia conhecido um homem tão tagarela! Até aquele momento, eu só havia conhecido mulheres assim. E, só para constar, ele não era gay, de forma alguma. A propósito, ninguém dizia a ele a verdade, quando não queriam mais ouvi-lo. De todo modo, na época, eu fiquei realmente perplexa por meu completo erro de julgamento.

É exatamente assim que os fãs se sentem. Eles conhecem a voz, as fotos e se apaixonam por uma ilusão. Não se pode dizer que conheçam a pessoa verdadeira e a amem pelo que realmente ela é. Dessa forma, esse "estar apaixonado" tem tanto valor quanto a expectativa de altas indenizações pós-divórcio, não é?

Na época eu observava fascinada como as pessoas eram capazes de separar as *estrelas*, claramente, em duas categorias: desvairado com ataques de estrelismo (começa a chorar se, em quinze minutos, ninguém pede um autógrafo) ou surpreendentemente "pé no chão" e, como pessoa, notadamente agradável e normal. Fiquei tão fascinada que até escrevi um conto para adolescentes intitulado: *Max und Leander, die superstars* (Max e Leander, os Superstars), que fala sobre isso. Anos depois, publiquei-o como livro infantil.

As *estrelas* do segundo grupo, certamente compreenderam algo que as do primeiro grupo ainda não haviam alcançado. Quando um fã ia ao encontro de *estrelas* do primeiro grupo, na maioria das vezes, eu tinha vontade de sumir para debaixo da terra, de tão incomodada que ficava com o comportamento de adoração, do mesmo modo que, quase sempre, com as reações das *estrelas*. No tocante a tais *estrelas* pode-se supor que se trate de uma considerável falta de verdadeiro amor-próprio.

Mas dentre os *pop stars* também há aqueles que, obviamente, não têm nenhum problema em relação à autoestima. Eles lidam com os fãs de maneira totalmente diferente. No momento em que os fãs começam a querer desmaiar, eles reagem de forma que os mesmos interrompem o desmaio, colocam-se devidamente de pé e voltam a falar coisas normais. Depois que passa, coçam a cabeça, perguntando-se "o que foi aquilo?". De alguma forma, tudo foi bastante diferente do que se imaginava. O semideus ou a semideusa se expressou a respeito como pessoa normal e a energia de divinização se evaporou.

Também tive oportunidade de conhecer de perto esse mecanismo humano. Bem no início de minha atividade como escritora, quando eu comecei a ministrar palestras, e o número de participantes não ultrapassava a marca de trinta, no máximo, cinquenta pessoas, eu me sentia estranha em relação aos meus ouvintes. Depois das palestras, com a já mencionada postura submissa, eles vinham para a frente e faziam suas perguntas. Eles me davam a impressão de que o faziam como se eu, com minha sabedoria, estivesse a milhas de distância deles. E, em se tratando que isso não era verdade, eu me sentia terrivelmente desconfortável.

A vida foi misericordiosa para comigo. Não passou muito tempo e ela me enviou uma empresária que me aconselhou a amar meu público quando eu falasse. O público perceberia isso e, depois, as pessoas se dirigiriam a mim, de maneira totalmente diferente. E, desde a descoberta dos neurônios-espelho[8], também podemos explicar *como* elas sentem isso.

Em poucas palavras, há algum tempo, os pesquisadores observaram no cérebro, com acuidade, que células nervosas são mobilizadas e se tornam ativas, de acordo com um comportamento específico ou sentimento. E também observaram que nosso cérebro simula todos os comportamentos e sentimentos que ele detecta em outras pessoas.

Além disso, apenas cerca de 7% de nossa comunicação se baseia em palavras. Os restantes 93% se baseiam em tom de voz, expressão facial, linguagem corporal e, claro, neurônios-espelho. Quer dizer, se eu finjo que estou superalegre, mas, no fundo, estou muito triste, na maioria das vezes, os neurônios-espelho das pessoas que vêm ao meu encontro refletem essa tristeza e, consequentemente, elas desenvolvem um sentimento de "alerta", de que ali há algo errado.

O mesmo acontece entre palestrante e público. Enquanto eu mesma me coloco sob pressão de eficiência, querendo, a qualquer preço, discursar com total perfeição, as pessoas reagem a mim com distanciamento. A partir do momento que eu, durante a palestra, concentro-me no amor, tudo se modifica.

"Mas como podemos nos concentrar no amor por pessoas que só são vistas de longe e que nem sabemos quem são?", você se perguntaria. Eu tenho certeza de que você é capaz de desenvolver a sua própria técnica, se quiser. Uma vez que, atualmente, sem criatividade, é difícil conquistar alguns milhões.

A esse respeito, apenas a título de inspiração, vou lhe contar

---

[8] Caso você deseje mais detalhes sobre neurônios-espelho, leia o livro *Warum ich fühle, was du fühlst* (Por Que Eu Sinto o Que Você Sente?), de Joachim Bauer, professor de psicoimunologia da Universidade de Freiburg, na Alemanha (N.A.).

o que imaginei: diante de mim estavam sentados meus melhores amigos e nós não nos encontrávamos em um auditório, e sim na sala de estar da minha casa. E eu falava apenas sobre as coisas que propriamente me interessavam e que considerava curiosas, contava isso aos meus melhores amigos.

Na época, após fazer uso desta sugestão que me foi dada, vi, então, sentadas diante de mim, trezentas Ingrids e duzentos Manfreds. E o maravilhoso resultado: as pessoas que agora vinham para a frente para fazer mais perguntas, falavam comigo como se fôssemos amigos desde os tempos da escola. Conduziam-se segundo um tom desembaraçado, completamente natural, e toda rigidez, toda "trava" simplesmente desapareceu! Suponho que é exatamente isso que acontece com uma segunda categoria dentre os *pop stars* e, do mesmo modo, você pode colocar essa "arma" em ação.

Se quiser que uma pessoa se aproxime de você, abra seu coração – em segredo, não é necessário mostrar uma placa para que todos sejam informados a esse respeito – para essa pessoa. Procure enxergar a beleza da alma do outro, em seus olhos e em sua aparência, e crie o propósito de sentir a unidade entre você e o próximo!

Que *unidade*? Em nível subatômico, tudo é uma coisa só, ensina a Física Quântica (Mais informações em minha homepage, veja *Anexo*). Em nível subatômico, não se pode reconhecer onde começa e onde termina o ar que você respira, ou o contrário. Não se pode reconhecer qual ainda é um átomo de ar e qual já é um átomo de seu pulmão.

Tudo flui, numa coisa e noutra, e em tudo há influência mútua. Energeticamente, isso ocorre no nível da vibração ou frequência, nos neurônios-espelho. Se você se sente "ligado" a alguém, você se encontra no sentimento da unidade. E você transmite isso! Os neurônios-espelho são ativados e o seu semelhante sente exatamente que ali está alguém que abriu seu coração para ele, que se sente ligado a ele como pessoa.

Acredite que a maioria das pessoas possui menor força de concentração que você e que elas adorariam muitíssimo ser contagiadas pelo sentimento básico que você demonstra. Mesmo se alguém tiver planejado arrancar dinheiro de você, essa intenção se desvanece, no momento em que a pessoa em questão se sente tocada no nível da ligação entre dois corações.

Suponhamos que seja o contrário e a outra pessoa o tenha localizado, como um radar, antes que você a percebesse. Se ela vem até você com uma atitude, ou seja, com a clara intenção de "vou me aproveitar – vou encher a orelha dele/dela até lhe arrancar todas as informações de que preciso", e você se vira, surpreso...

Quem determina o "clima" entre vocês dois?

Quem, nesse momento, mostra ter o caráter mais forte?

Quem, nessa situação, é mais autoconfiante e mais equilibrado?

Se for o outro, ele precisa querer vê-lo "morto e enterrado"? Não. Portanto, aja assim: abra o coração, veja a beleza no outro, eleve a capacidade de compreensão, pois, quem sabe se você também tivesse sido um jovem ambicioso e sem recursos, tivesse feito algo semelhante ao se deparar com um milionário...

Eu já vi muitos cantores alemães de música popular correndo histericamente atrás de estrelas internacionais, de modo muito pior do que qualquer um de seus fãs. E, pouco antes de o fazerem, ainda reclamavam de como esse tipo de comportamento era repugnante nos outros. Por esse motivo, *Tome as rédeas do discurso e o faça, mas no nível da "ligação" entre os seres humanos.*

A vontade de dar "facadas" provavelmente já terá passado e caso a pessoa ainda tente, supostamente será de forma que ambos achem graça. Desse modo, você ainda pode se exercitar na *arte de dizer não, amavelmente*. Assim que você a tenha dominado, com perfeição, por favor, envie-me algumas dicas, pois eu mesma gostaria de me exercitar nesse aspecto. Sobretudo em dizer *não* para solicitações de palestras.

Eu tenho cerca de cinquenta vezes mais solicitações do que tempo e ainda não sou capaz de dizer não, sem que me sinta mal com isso.

Quando as pessoas estão diante de mim, por causa da técnica "Abrir o coração e cia.", na maioria das vezes, não há problema, mas, geralmente, recuso a solicitação por escrito e sempre imagino que elas ficam com raiva de mim. Penso que nesse caso trata-se mais de um problema da relação comigo mesma do que com os outros.

Ainda uma última dica a respeito da *Síndrome do Pop Star*: lembro-me de que uma vez eu tinha um encontro marcado com um amigo senegalês num *World Café*[9]. Na porta de entrada estava um homem de pele escura que me olhou da forma mais esquisita e amarga possível. Eu quase não tive coragem de entrar, mas meu encontro seria lá dentro.

Quando ele percebeu que eu queria entrar, a expressão de seu rosto mudou abruptamente. Alegremente surpreso, pulou para o lado e, com a cara mais doce do mundo, abriu a porta para mim. Com certeza ele deve ter pensado que eu era uma dessas passantes maldosas que falam mal do *World Café* e de quem o frequenta.

As pessoas de alguma maneira sentem que são tratadas de modo diferente, se se julgam estar "muito lá em cima" ou "muito lá em baixo", o que na hierarquia social é indiferente. O mesmo acontece quando, num tipo de delírio persecutório, alguém começa a ver fantasmas e temer pessoas que, possivelmente, seriam supersimpáticas, e esse alguém era aquele que, com o olhar de "eu-sei-que-você-é-malvado", perseguia-as.

---

9 O *World Café* é uma abordagem, uma tecnologia de convivência, uma comunidade, um poderoso processo de conversação, desenvolvido por Juanita Brown e David Isaacs, para promover diálogos construtivos, acessar a inteligência coletiva e criar possibilidades inovadoras de ação, por meio de "conversações que importam", visando sempre o aumento da capacidade coletiva de trocar conhecimento e definir o futuro em conjunto. Desde sua criação, em 1995, dezenas de milhares de pessoas das áreas de negócios, governo, saúde, educação etc., em todos os continentes, têm participado dos diálogos do *World Café*, seja em pequenos grupos, seja em grupos que lotam salões de conferência (N.T.).

Lembre-se dos neurônios-espelho: independentemente de você esperar sempre somente coisas boas ou somente coisas ruins das pessoas, isso age sobre o outro. Dessa forma você cria a sua própria realidade.

A esse respeito, há um ótimo ditado sueco que tem o seguinte sentido: se você trata uma outra pessoa como um rei, você adquire suas características de rei! De acordo com a maneira como trata as pessoas, você "produz" as reações delas em relação a você. Em outras palavras, espere sempre o melhor do seu semelhante.

É mesmo sempre melhor ter tido uma expectativa nove vezes mais alta em relação ao outro e, assim, ter encontrado um novo amigo, do que ter uma expectativa dez vezes mais baixa e, por esse motivo, perder a pessoa que poderia ter se tornado um novo amigo. Muitas vezes, todos nós incorremos no erro de nos sentirmos ofendidos e não querermos nem pensar em dar uma chance a alguém, só porque esse alguém frustrou nossas expectativas, não nos sorrindo de volta, e sim nos olhando meio de lado.

Um de meus *leitores de prova* (você o encontra em entrevistas) disse, oportunamente: "Se alguém envolve sua personalidade com um manto de valores exteriores e assim se apresenta, não é de se admirar que ocorram reações estranhas. Se, ao contrário, alguém se apresenta apenas com sua própria personalidade, pura, como se é realmente, automaticamente, as pessoas vão ao seu encontro descontraidamente, sem complicações interpessoais".

Resumo:

Como posso me livrar da Síndrome do Pop Star e do sentimento de estranheza em relação aos outros, especialmente, os que não são estrelas e os que não são milionários?

- *Abrindo o coração.*
- *Direcionando a atenção para a beleza da alma do outro.*
- *Doando-se, em termos humanos, de forma natural e aberta, para ser tratado exatamente da mesma forma – aquilo que se grita numa floresta é o que reverbera de modo idêntico.*
- *Ativando os sentimentos de "ligação" e unidade. Isso melhora a química interior correspondente e os neurônios adequados, o que é percebido pelo outro e, automaticamente, leva a reações afáveis.*

ENCONTRE A SI MESMO
QUE O RESTO SE ENCONTRA POR SI SÓ

"Eu não tenho amigos verdadeiros, todos querem só o meu dinheiro ou, então, lagartearem-se sob a luz da minha fama". Isso lhe parece familiar? Naturalmente eu não sei se você começou debaixo e ganhou seu próprio dinheiro ou se já nasceu rico. Se foi você mesmo quem ganhou seu dinheiro, então eu o aconselho a se lembrar do passado: naquela época, você, por acaso, tinha cem amigos em cada canto? Não é preciso ser um milionário para achar difícil "pinçar" amigos verdadeiros no meio da multidão.

Às vezes, sequer conseguimos "pinçar", na estante diante de nós, os sapatos adequados, mesmo estando diante deles. No fundo, é a mesma coisa. Uma amiga minha se sentia exatamente assim, revirando a loja de sapatos e experimentando um par após o outro. Nada lhe agradava e lhe era suficientemente confortável. Tudo porque sua filha de um ano e meio estava consigo e ela sabia que precisava se apressar, antes que a criança ficasse impaciente. Além disso, havia ainda uma série de coisas a serem resolvidas e ela se sentia um pouco sob pressão.

Como era de se esperar, a menininha logo ficou impaciente. No entanto, essa criança – como preferi dizer na época – estava "bem equipada" com uma boa ligação intuitiva com a força elementar. Num determinado momento, a pequena "pinçou" da estante um sapato e o colocou diante da mãe. Ela ainda não sabia falar direito e, primeiramente, a mãe pensou que ela quisesse brincar com os sapatos e disse a ela que, infelizmente, não seria possível brincar com eles. Mas quando a criança olhou para a mãe, de maneira convidativa, esta percebeu do que se tratava. Minha amiga calçou os sapatos e deu um grito inesperado. Os sapatos couberam em seus pés como que feitos sob medida e eram exatamente o que ela estava procurando.

Ela diz que jamais teria "pinçado" esses sapatos da estante, porque, lá, na estante, eles não lhe haviam agradado. Jamais passaria pela sua cabeça que justamente aqueles sapatos coubessem tão perfeitamente em seus pés e, além disso, ainda ficassem lindos!

O que quero dizer com isso: se você não consegue propriamente sentir de verdade a você mesmo e, por conseguinte, também não consegue sentir a ligação intuitiva no mais íntimo de si, nem a força elementar dentro de você, então, pode até ficar diretamente diante do sapato certo ou de um potencial amigo do peito, que não perceberá nada disso.

No mundo, há sapatos e pessoas suficientes e nós também temos oportunidades suficientes de entrar em contato com ambas as coisas. Portanto, existem muitas coisas à nossa escolha, com as quais podemos estar em ressonância de maneira profunda e realizadora! A pergunta essencial não é: "Onde eu o encontro ou a encontro?". A verdadeira pergunta é: "Como eu me encontro? O que posso fazer para voltar a sentir a mim mesmo?". Quando tenho êxito nisso, consigo perceber, novamente, tanto sapatos, quanto potenciais bons amigos, que estão diante do meu nariz.

Um erro fatal na procura por amigos é, aliás, esconder tudo que o faz humano (inclinações pessoais, fraquezas, coisas assim, claramente humanas). Este é o caminho mais seguro para se ficar sozinho. Divida a sua humanidade com os outros, pois, assim, você volta a ser um deles, totalmente independente de quem seja mais inteligente, mais bonito ou o que for.

Hildegard von Bingen[10] formulou com perfeição:

Enquanto o homem não encontrar a si mesmo nos olhos e no coração de seu semelhante, ele estará em fuga. Enquanto ele não permitir que seu semelhante compartilhe do mais íntimo de si, não haverá proteção. Enquanto o homem temer ser vasculhado em seu interior, ele não poderá conhecer, nem a si mesmo, nem aos outros. Ele será sozinho. Tudo está ligado a tudo.

Mas, cuidado: é a mesma coisa que em nosso exemplo sobre os sapatos. O bom amigo ou a boa amiga poderiam parecer completamente diferentes do que você imaginava. Você só pode vê-los com o coração e, se não seguir seus impulsos intuitivos, você não os percebe.

A técnica da "estante de sapatos" para se encontrar verdadeiros amigos

Se isso é muito difícil para você – difícil *ainda*, pois a prática faz o mestre – então o aconselho a fazer o seguinte: dirija-se sempre àquelas pessoas a quem você, de modo algum, gostaria de se dirigir.

Antigamente, eu sempre agia de forma incorreta em festas, durante as quais uma certa monotonia se insinuava (atualmente, simplesmente não vou mais a tais festas). Naquela época, ainda muito nova, era focada em procurar atributos como "jovem, bonito e bem-sucedido", em primeiro lugar, então, eu sempre sorria para os jovens

---

10 Mística, filósofa, compositora e escritora alemã da Idade Média, beatificada pela Igreja Católica (N.T.).

homens bonitos. Depois que me entediava enormemente com eles durante as conversas, e me voltava para outro grupo de rapazes do tipo: "É, não é uma maravilha, mas ainda dá para estabelecer contato". Mas não observava nenhuma melhora na situação. Divertido foi só quando eu passei para os grupos: "Desses eu corro, não me agradam nem um pouco" e "Do jeito que parecem esquisitos, têm mesmo de ser evitados".

Também havia os que só queriam se lamentar e deles eu saía logo de perto. Mas também havia aqueles cujas expressões faciais passavam, de totalmente estressados a surpreendentemente agradáveis, e com quem tive as conversas mais legais e mais extensas. Eram mulheres, homens velhos ou bastante jovens, e até mesmo crianças. Certa vez uma criança me contou coisas ótimas que havia aprontado na semana. As conversas eram, a um tempo, divertidas e tocantes e nem um pouco chatas.

Do mesmo modo que os sapatos na estante da loja, nas festas eu era completamente incapaz de reconhecer quem combinava comigo e com quem eu poderia entabular uma conversa agradável. Primeiramente, dirigia-me sempre às pessoas erradas, para somente depois encontrar os estimulantes interlocutores dentre os antes "segregados" na mente.

Portanto, se por vezes sua intuição não for tão longe como consegui ir com a minha, então experimente o "método da estante de sapatos": dirija-se àqueles a quem você, normalmente, jamais gostaria de se dirigir. Desde o garçom, passando por um velhinho, até uma criança, não deixe ninguém de fora. Dirija-se a todos com quem você não deseja falar e, cedo ou tarde, encontrará, dessa maneira, com toda a certeza, novos e verdadeiros amigos. Pois essas pessoas, muito provavelmente, não virão cumprimentá-lo com um sorriso adulador, exageradamente simpático, não importando qual seja o seu estado de espírito no momento.

Paralelamente, saia em busca de si mesmo e, com isso, tente sentir a si mesmo. Automaticamente, você voltará a perceber, com clareza, a voz do seu coração e, do mesmo modo, não só a encontrar os amigos certos, como também seu caminho na vida, que o torna pleno, realizado e alimentado.

Muitos milionários e bilionários têm tanta energia e, ao que me parece, nunca se dão conta exatamente de que exercem uma atividade que, na verdade, não os "alimenta", mas sim, rouba-lhes muita energia, ininterruptamente. Quando alguém tem uma alta carga de energia, de alguma forma, ele também gostaria de empregá-la em algo. Assim é perfeito. *O segredo reside no fato de organizar sua vida de maneira que não só você possa utilizar sua energia de forma sensata, como também de que as atividades e contatos estabelecidos tragam, além de dinheiro, um fluxo de energia capaz de alimentá-lo.*

E assim, passemos diretamente ao próximo capítulo e à história de Ursula Maria e Wulf-Peter.

SEGUINDO A VOCAÇÃO
E O "PLANO DA ALMA"

Ursula Maria era divorciada, mãe de um filho, profissionalmente envolvida com o tema *"Vocação"* e vivia nos arredores do lago *Ammersee*, na baviera alemã, sul do país. Wulf Peter era divorciado, pai de um filho, profissionalmente envolvido com o tema *"Missão da Alma"* e vivia, desde sempre, na cidade de *Braunschweig*, no norte da Alemanha, ou seja, muito longe dela. Ambos *encomendaram ao Universo* o parceiro dos sonhos (conforme descrito no livro *Bestellungen beim Universum* – Encomendas ao Universo). E ambos o encontraram no momento em que haviam encontrado a si mesmos.

Paralelamente, e ainda sem se conhecerem, chegaram à conclusão de que a alma de toda pessoa tem um plano quando chega aqui na Terra. A alma deseja vivenciar, solucionar ou conhecer algo específico. Se o homem segue esse planejamento de sua alma e vive sua vocação, em vez de seguir alguma profissão que apenas seja a mais lucrativa possível, ele se sente realizado, satisfeito e vivencia o retorno para si de um fluxo de energia que o alimenta, originário do que ele faz.

Isso eu posso confirmar inteiramente. Às vezes, eu me recolho por três dias em um hotel para escrever livros (depois de, por exemplo, ter juntado material durante um ano) e o faço durante vinte horas ininterruptas. Depois, durmo profundamente, vou nadar, vou passear e escrevo mais vinte horas. Da última vez que fiz isso, cheguei ao hotel muito gripada e me perguntei se realmente seria uma boa ideia trabalhar naquele momento, durante vinte horas seguidas. Mas escrever é algo que simplesmente amo. E também continuaria a exercer essa atividade mesmo que, além de mim, ninguém viesse a ler uma única linha. Escrever simplesmente me dá asas. Além do mais, desanuvia minha cabeça.

Todavia, mesmo preocupada, simplesmente comecei o texto, caí em meu costumeiro inebriamento por escrever e, após vinte horas, a gripe foi embora!

Uma de minhas curandeiras prediletas (consta em minha homepage) se sente do mesmo modo ao trabalhar. Há dias em que ela atende a clientes desde a manhã até tarde da noite e, depois disso, em vez de desabar de cansaço, ela se sente "recarregada" de energia e alegria. "Poder realizar" esse trabalho lhe dá força, não lhe custa força alguma. Seguramente ela encontrou, na vida, o lugar certo para si mesma.

E assim é que deve ser! Contudo, há uma sutil diferença a ser considerada entre a alegria exagerada (que apenas coloca o ego num estado elevado) e aquela alegria que, quando realmente prestamos atenção no coração e no que sentimos no corpo, apesar de tudo, custa-nos energia – e exatamente a energia que alimenta, a energia da autêntica e plena alegria. Esteja atento quando você estiver com o ego *elevado* ao trabalhar e sinta no fundo de si mesmo o que está sendo vivenciado precisamente: o ego está apenas brilhando para si mesmo ou sua alma está sendo realmente alimentada por aquilo que você faz?

Retornando a Ursula Maria e Wulf-Peter, ambos, todavia, construíram, independentemente, um serviço de aconselhamento vocacional profissional (diferente dos habituais serviços de simples aconselhamento profissional), porque descobriram que, continuamente, a pessoa que apenas segue uma profissão, mas não sua vocação, perde em energia, em força e em vontade de viver. Ambos tiveram a inspiração de que sua vocação seria ajudar outras pessoas a encontrar sua vocação.

Por tudo isso, Wulf-Peter, em *Braunschweig*, reservou para si o domínio www.berufungsberatung.de. Imediatamente depois, Ursula Maria, em *Ammersee*, teve a mesma ideia. Ela também queria assegurar o mesmo domínio. Decepcionada, viu que aquele domínio já estava reservado. E o que ela fez? Escreveu para o dono.

Levou algum tempo, mas um dia eles se falaram por telefone e, não muito tempo depois, encontraram-se em *Ammersee*. E a conversa não durou muito tempo, pois ambos sentiram que haviam "chegado" ao objetivo de sua busca interior por um parceiro de alma. E, nesse meio tempo, ambos resolveram morar juntos, em *Ammersee*, o que não era problema, pois o filho de Wulf-Peter já era adulto. Eles encontraram a pessoa certa, quando encontraram si mesmos e suas vocações.

Então: Encontre a si mesmo que o resto se encontra por si só, os amigos e parceiros certos virão ao seu encontro. E para mantê-los, riqueza material não é suficiente de jeito nenhum. É preciso riqueza interior e maturidade interior, do contrário, a alegria dura pouco.

O que vem a ser "o meu plano da alma"?

O que é a alma? É a parte imortal em nós.

Você pode se sentar em algum canto, fechar os olhos, respirar suavemente e ir relaxando, cada vez mais, até quase não sentir mais seu próprio corpo. Imagine que não existiria o mundo inteiro ao seu redor nem o seu corpo. O que sobra de você? Do ponto de vista espiritual, o que sobra é a sua essência, a sua alma, independentemente da sua existência terrena. A alma é o que sobra quando tudo passa.

O que vem a ser um *plano da alma*? Assim que chegamos a esse mundo, tornamo-nos prisioneiros de diversas impressões e sentimentos terrenos. Nós nos orientamos muito rápido e fortemente para o exterior e esquecemos facilmente de voltarmos a atenção para o nosso interior. Mas se nós fizéssemos pausas com mais frequência e escutássemos apenas dentro de nós mesmos e no fundo do nosso coração, então, descobriríamos, lá dentro, desejos e planos de nossa alma, que mais ninguém poderia nos dizer. Somente nós mesmos somos capazes de descobrir, em nosso íntimo, desejos do coração e planos da alma. Outras pessoas podem até nos acompanhar e apoiar nesse caso, mas jamais nos poupar de olhar para dentro de nós mesmos.

Por que *eu* estou *agora* aqui na Terra? É sempre bom se fazer essa pergunta. O que seria se nós, enquanto alma, enquanto seres energéticos, tivéssemos pensado a esse respeito, caso tivéssemos tido um plano?

Mesmo que, na realidade, não exista um plano cósmico extraordinário para você, ainda assim, a pergunta pode servir para que você escute em seu íntimo e simplesmente reencontre, lá, o cerne da sua existência humana e, com ele, o estilo de vida que você precisa para se sentir realizado, satisfeito e alimentado, energeticamente por sua vida.

Einstein já dizia que toda a natureza tende à harmonia. E todo bebê vem ao mundo com o desejo de harmonia. Nenhum chega até aqui reclamando, insatisfeito, enfastiado. Todos esses sentimentos só aparecem se tivermos nos distanciado de nossa natureza que tende à harmonia.

Pois bem, qual é o seu plano da alma, a imagem interior de sua própria felicidade, a sua natureza mais profunda? Talvez seja somente a vontade de passar por uma experiência especial. Mas qual você escolheu? Em relação a que problemas e obstáculos você gostaria de se colocar à prova?

Einstein chegou à conclusão de que, na maioria das vezes, não se pode resolver problemas no mesmo nível em que eles foram gerados.

Para se encontrar uma solução, é necessário que se vá para um nível de consciência mais elevado.

Qual é o seu plano da alma? A que nível de consciência você quer chegar? E, neste, o que você gostaria de fazer?

No plano geral, pode ser absolutamente certo colocar o espelho diante de si mesmo e de toda a humanidade para mostrar como é louco o sistema onde nós nos encontramos. (Como George Soros, no exemplo do início do livro ou, então, como alguém que ganhou seu dinheiro explorando os outros e chegou a um ponto em que não se sente mais bem dessa forma.) Não há motivos para se martirizar por causa do passado: "Eu, sujeito mau, cuidei muito pouco dos meus filhos". E devido à aflição por causa disso, esse sujeito se afunda em depressão e continua não cuidando de nada. Eu conheço candidatos a isso e não considero este o melhor caminho.

Poupe-se dessa visão retrospectiva e destrutiva e estabeleça conversas construtivas com sua alma, sobre como você, atualmente, encontra seu plano da alma (caso você realmente já o vivencie), ou então se há algo que ainda virá a contribuir para com ele, ou que ainda deveria ser modificado. Uma certa *autoatualização* no campo de uma condução de vida que nos realiza e nos alimenta, é sempre necessário.

Consuma segundo a "Escala de Confúcio"

O quê? Você não conhece a *"Escala de Confúcio"*? Eu acabei de inventá-la. Confúcio diz que é melhor acender a menorzinha das luzes do que se lamentar pela escuridão geral. E, em graus, a recém-criada *"Escala de Confúcio"* vai de *dez negativos* (apagão máximo e escuridão total) até *dez positivos* (máxima capacidade pessoal de "acender" luzes).

Sempre que você quiser comprar alguma coisa, poderia se perguntar quantos pontos essa compra (produto ou serviço propriamente dito, somado ao efeito geral da compra) alcançaria na *"Escala de Confúcio"*. Vista de maneira geral, essa compra gera mais luz na sua vida e no mundo ou, no total, ela diminui a incidência de luz? É preciso pensar, holisticamente para compreender. Estou exercitando isso, nesse exato momento, e digo, sinceramente, que, de modo algum, domino a técnica satisfatoriamente.

No vídeo *Grenzengänger* (Cruzadores de Fronteiras), de Hans Peter Dürr (professor de física atômica, laureado com o Prêmio Nobel Alternativo), é apresentado o físico Amory Lovins. Em um lugar, em que à noite a temperatura cai até -40°C, seus custos com eletricidade e aquecimento se referem a 10% dos custos gerados pelas casas normais. E ele, ainda por cima, cultiva frutas tropicais em sua casa!

Um projeto como esse me parece ter um alto posicionamento na parte positiva da *"Escala de Confúcio"*. Certamente deve haver muitos lugares neste mundo que precisariam de casas assim e isso representaria, sempre, uma grande melhoria face ao estado atual.

A alma é feita de luz e quer trazer o máximo de sua luz para a Terra. Se você investe seu dinheiro de modo que gere bastante luz, então você, muito provavelmente, está bastante próximo ao seu plano da alma.

Um de meus quatro entrevistados do início do livro me disse: "Pergunte-se sempre: O que me dá energia? O que me rouba energia? Se você seguir o que a energia lhe dá e se tiver ao seu redor pessoas que lhe dão energia, automaticamente, você vai se aproximar, cada vez mais, de seu plano da alma".

RICO NO MUNDO EXTERIOR, RICO NO MUNDO INTERIOR

Quem é rico apenas "externamente" terá sempre problemas por causa disso e, em longo prazo, ficará doente, se não "acertar o passo" com a riqueza interior.

Riqueza interior tem a ver com se permitir sentir a si mesmo, ser fiel a si mesmo, independentemente do que a sociedade pensa sobre alguém. Riqueza interior se caracteriza por um coração grande, que sabe ficar feliz com as pequenas coisas da vida. Riqueza interior leva, automaticamente, ao encontro de verdadeiros amigos, irmãs e irmãos de alma, sem que sejam necessários muitos esforços.

Eu gostaria de falar um pouco sobre como duas irmãs de alma se encontraram porque seguiram sua riqueza interior e sua capacidade de ouvir seu coração e seu "conselheiro interno". No que diz respeito a significado, sobretudo, "como isso é para alguém", os exemplos reais, extraídos da própria vida, na maioria das vezes, tornam as coisas muito mais claras do que informações neutras. O que as duas mulheres acabaram de vivenciar e me contaram hoje, cinco horas atrás, você também pode vivenciar e, talvez, até já vivencie.

Duas irmãs de alma

Angelika H. é, há oito anos, uma curandeira que usa o *Prana* e, por assim dizer, a única a quem eu iria. Ela consegue ver o campo energético, purificar e equilibrar os chacras (centros de energia do corpo), sem tocar nas pessoas. Nesse caso, ela discute com seus clientes seus temas de vida e em que se deve trabalhar no momento. Seu trabalho é, assim, uma mistura de introdução ao "faça-você-mesmo" e apoio energético.

Há algumas semanas, no invisível, seus guias e auxiliares espirituais lhe disseram que, a partir de então, ela poderia convidar e utilizar, também em seu trabalho, a energia dos anjos e que, por esse motivo, ela deveria ir ao congresso sobre anjos na cidade de Hamburgo. Foi um congresso com cerca de quinze palestrantes sobre o tema anjos. Angelika não estava muito certa se isso deveria ser assim mesmo, uma vez que mora em Munique e a cidade de Hamburgo, com toda a certeza, não é nada próxima de onde vive. Não se pode nem se deve simplesmente acreditar e acatar toda solicitação interna, sem antes examiná-la. Mas, no fim das contas, ela se levantou, pegou um avião para Hamburgo e foi para o congresso.

Ela gostou muito de uma das palestrantes, Doreen Virtue. E quando Virtue pegou seus alunos e alunas e os levou para o palco para apresentá-los, da plateia, Angelika conseguiu ver nitidamente os campos energéticos das pessoas apresentadas. De longe, a percepção turva dos rostos. Mas o campo energético de uma das mulheres, ela sentiu como sendo extraordinariamente compatível, muito positivo e bastante forte.

Depois disso, ela se recostou na cadeira novamente e pensou: "Bem, eu não vou pegar um voo para os Estados Unidos para participar de tais sessões, isso não dá mesmo, tenho dois filhos... Se vocês aí de cima (guias espirituais e anjos) realmente acharem que agora seria mesmo a minha vez de trabalhar com anjos, então, por favor, enviem-me um sinal bastante claro. Do contrário, volto agora mesmo para casa e deixo isso esfriar".

O que ela não sabia e o que ela, de alguma maneira, não entendeu bem, é que a mulher em questão não morava nos Estados Unidos, e sim – surpresa – também em Munique! Em seguida, nada aconteceu e, assim, ela aparentemente de "mãos vazias", pegou o avião de volta para casa.

Ao longo de mais duas semanas, nada também aconteceu. Então, uma certa Isabelle ligou para ela a fim de marcar um horário. Ela falou algo sobre um livro que veio no lugar de um CD que havia encomendado e que, por esse motivo, queria agora marcar um horário com Angelika H., que não entendeu muito bem, mas, mesmo assim, marcou um horário para ela.

O que Angelika desconhecia era que Isabelle era exatamente aquela aluna de Doreen Virtue, que ela havia visto no palco e percebera tão positivamente. Isabelle, por sua vez, logicamente não sabia nada a respeito do claro sinal que Angelika H. havia *encomendado.* Pura e simplesmente, Isabelle havia feito o pedido para a compra do CD "Om", do mestre Choa Kok Sui, o pai da cura pelo Prana, na Editora Koha (que, por acaso, se é que acasos existem, é a mesma editora responsável pela publicação alemã deste livro). Mas alguma coisa deu errado e em vez do CD, ela recebeu, pelos correios, o meu livro *Neue Dimensionen der Heilung* (Novas Dimensões da Cura). O noivo de Isabelle abriu o pacote e já queria devolvê-lo. Mas algo o impediu e ele sentiu que Isabelle precisaria do livro e que não seria apenas uma coincidência o fato de ele ter chegado no lugar do CD.

Quando Isabelle chegou em casa à noite, ela sentiu exatamente a mesma coisa. Pegou o livro e correu com o polegar por todas as páginas. Parou em alguma parte e, então, abriu uma página. Parou no meio de um capítulo sobre cura por meio do Prana e sobre Angelika H., a cujo trabalho dediquei, no livro, um capítulo inteiro.

Na verdade, Isabelle queria ir para os Estados Unidos para participar de uma sessão com uma amiga de Doreen Virtue, mas quando leu o nome Angelika H., isso foi tão forte para ela que, imediatamente, foi para o telefone, ligou para a Angelika e marcou uma sessão, o que – como mais tarde me garantiu – ela nunca faria. Mas o impulso foi simplesmente forte demais!

Quando foi chegado o dia e Angelika abriu a porta, ambas sentiram imediatamente que se conheciam. Mas nenhuma das duas verbalizou isso, porque, tanto para uma, quanto para outra, os rostos eram novos, apesar do sentimento de intimidade. Isabelle entrou na casa e Angelika e suspendeu a respiração. Ela me disse que viu que Isabelle não viera sozinha. Um verdadeiro exército de anjos a acompanhava e entrou na casa com ela. Angelika conseguiu ver as energias de matéria sutil e ficou perplexa. O que uma mulher como essa poderia querer, batendo à sua porta? Para que ou por que ela precisaria de ajuda?

Mesmo assim, ela não disse nada e deu início à sessão, durante a qual, anjos lhe disseram que Isabelle era exatamente a mesma mulher que ela havia visto no congresso sobre anjos. Ela era o sinal desejado. Angelika quase não pôde acreditar e, com todo o cuidado, perguntou pela sessão, se Isabelle possivelmente pretendia ir até Doreen Virtue, nos Estados Unidos. Isabelle havia dito que, na verdade, ela pretendia ir, sim, para os Estados Unidos, mas, em vez disso, estava ali, junto à Angelika, pois era muito mais perto, visto que Isabelle, como Angelika, também morava em Munique. Isabelle ficou impressionada e respondeu que não, que não iria até a Doreen, mas a uma amiga dela. E então, Angelika procurou fazer mais perguntas e ficou claro que Isabelle era exatamente aquela cujo campo energético, durante o congresso sobre anjos, compatibilizou-se tão fortemente com ela. E ela, então, contou a história toda.

"Pois é, pois é... Então a Editora Koha me enviou o livro da Bärbel Mohr em vez do CD, para que a senhora recebesse o sinal", disse Isabelle, sorrindo.

E também para ela, a *posteriori*, a sessão se revelou como uma bênção. O trabalho de Angelika a impressionou tanto quanto os anjos da Isabelle impressionaram Angelika. E então, Isabelle deu início a uma formação adicional de cura por meio do Prana e, futuramente, ambas pretendem trabalhar com Prana e anjos. Elas perceberam que um sentimento espontâneo e íntimo as ligava, assim passaram à forma de tratamento informal "você" e atualmente se sentem como irmãs de alma. No futuro, querem exercer um trabalho em conjunto[11].

A riqueza interior surge do silêncio,
do escutar no fundo de si mesmo.

Para mim, este é um exemplo perfeito que faz com que a riqueza interior sobressaia entre todas as outras coisas: ter coragem, confiar na vida, perguntar à própria vida o que se deve fazer e possuir a capacidade de seguir o impulso e o chamado do próprio coração. Dessa forma, se é ricamente recompensado, à medida que se é guiado justamente às pessoas que, espontaneamente, tocam-nos o coração, como também se é levado a estabelecer contatos que funcionem como alimento e enriquecimento – internamente, completamente desvinculados do dinheiro.

Quando riqueza material e riqueza interior se complementam, é natural que de maneira maravilhosa e em todos os níveis, a beleza holística se faz observar e se transpõe para o mundo, proporcionando um sentimento que faz a pessoa se sentir abençoada, por poder fazer, transformar e vivenciar tudo isso. Portanto, é completamente desnecessário e exagerado deixar que estrondeiem na cabeça os mais diversos tipos de estimulantes para os sentidos, apenas para fugir de uma temerosa quietude interior, na qual, no fim de tudo, se vai encontrar exatamente o que o coração, na verdade, busca: quer dizer, o contato com a própria alma e com o próprio plano da alma. Isso não

---

11 Em minha homepage www.baerbelmohr.de, você encontra em "Bücher" uma foto das duas, além dos dados para contato (N.A.).

é, de certa forma, grotesco? Com que frequência evitamos o silêncio para não termos de sentir a nós mesmos? Nós empurramos para o silêncio (e isso vale para quase todas as pessoas, independentemente do salário) o pânico de ficarmos sozinhos (de "ficar para a semente"!). Apesar disso, a nossa riqueza interior, da qual precisamos para vivenciar a riqueza material como bênção e não como maldição parcial, nasce exatamente do silêncio.

O que frequentemente relatam alguns *pop stars* e atores em entrevistas? Em sua fama também há uma maldição. Eles prefeririam fugir dela. Esse pessoal, aliás, como todo mundo, no que concerne à riqueza interior, muito provavelmente corre disso, em vez de descobri-la e examiná-la dentro de si mesmo. Na maioria das vezes, temos medo de penetrarmos no silêncio e de ficarmos, por um momento, sozinhos conosco, sem tarefas a realizar, sem compromissos marcados, sem metas a cumprir. Tememos perder a nós mesmos e tudo aquilo que, até o momento, serviu para que nos definíssemos. "Quem sou eu, quando não sou aquele ou aquela que faz isto e aquilo?"

Temerosos não ser mais nada e a verdade é que somos muito mais do que o pequeno sabe-tudo que, obrigatoriamente, precisa de um milhão de contatos e dois milhões de ações para ser "alguém". O que nós podemos encontrar no silêncio, na calma, na falta de metas a cumprir e no puro *ser*, é a nossa alma, o nosso plano da alma e a nossa riqueza interior, o nosso cerne divino[12].

Então, desejo que você não incorra nos mesmos erros de muitos

---

12 Nas tentativas de se fugir do mundo terreno por meio de contatos com o mundo espiritual, podemos nos perder, da mesma forma que no trabalho intenso para *não* fugir. Isso nada tem a ver com quietude interior, e sim com uma nova droga. Depende de como se faz e de que postura espiritual básica se tem (por ex., tomar nas mãos a responsabilidade por si mesmo ou querer deixá-la a encargo dos outros). O que posso fazer para saber a diferença entre um verdadeiro contato com minha fonte interior e as energias charlatãs por parte do mundo espiritual? Por que alguns médiuns canalizam tanta coisa certa e outros tantas sandices? A que médium se pode ir? Se este é um assunto que lhe interessa, você encontra no site www.baerbelmohr. de, na revista on-line gratuita, um artigo em alemão com o título "Zwischenebene, Falsche und Echte Channelings und Schöpferbewusstsein" (N.A.).

esotéricos e não pense que precise decidir: dinheiro OU amor. Se você, como bilionário ou multimilionário, tem riqueza interior suficiente, então, pode, sem restrições, utilizar isso de outra forma, ou seja, para multiplicar a riqueza material. Quem, a não ser a pessoa que a um tempo possui riqueza material e interior, poderia lidar com isso, de forma sensata e "servindo à Unidade do Todo"?

Eu lhe desejo, ao mesmo tempo, abençoada realização interior e exterior e, ao resto do mundo, desejo um *salário básico obrigatório* para todos os seres humanos, de modo que não haja mais crianças com fome no mundo inteiro. E eu me refiro à "fome física" do mesmo modo que à "fome por amor". Seria maravilhoso, não?

AS VANTAGENS DA INVEJA E COMO SE PROTEGER DAS SUAS DESVANTAGENS

Olhares invejosos

A inveja é um sentimento interessante e digno de ser considerado detidamente. Muitas vezes, olhares invejosos desencadeiam na pessoa invejada uma arrancada de serotonina, que é um neurotransmissor responsável pelo sentimento de bem-estar e de "saciedade" em relação a alguma coisa. Todavia, a capacidade de se sentir bem e saciado não é todo mundo que tem.

Quando, por exemplo, alguém conclui seu trabalho, supostamente esse trabalho desencadeia na pessoa uma carga de dopamina, responsável pela sensação de alegria. Quando a pessoa chega em casa após o trabalho, geralmente, sente satisfação pelo que produziu e curte gostosamente seu fim de dia. Isso "descarrega" serotonina. Quando se desaprende a ser satisfeito com as coisas, o "descarregamento" de serotonina simplesmente não acontece e a pessoa sente um vazio interior e insatisfação. E ela compensa isso, à medida que volta a trabalhar, desarvoradamente, para pelo menos chegar ao desfrute da dopamina.

Ou então a pessoa compensa sua carência de serotonina quando, à noite, com sua Ferrari, passa em frente aos bares mais caros da cidade causando inveja aos outros. Como os cientistas comprovaram, isso desencadeia uma descarga de serotonina e, por um breve espaço de tempo, faz com que a pessoa se sinta um pouco mais satisfeita.

A propósito, carência de serotonina também pode se originar da má alimentação, pois sua maior concentração (95%) está nos intestinos. Portanto, quem ainda ingere gordura à noite, influencia a produção de serotonina de forma desfavorável para si mesmo. Ingerir comida gordurosa à noite desencadeia o famoso "temperamento latino". Alimentamos as pessoas de forma mais saudável e o temperamento esquentado se aquieta. As pessoas simplesmente se sentem mais satisfeitas!

Mas, voltando à inveja, este é apenas um de seus lados. Se sofremos de carência de serotonina, a inveja pode nos ser útil, pois olhares invejosos auxiliam a produção de serotonina.

Muitas vezes a pessoa sofre de carência de serotonina, porém nem percebe os olhares invejosos (porque sua atenção está direcionada para outras coisas completamente diferentes), ou os percebe como desagradáveis. Com um nível saudável e equilibrado de serotonina, percebe-se a inveja como uma emoção que separa as pessoas e, quando se tem uma natureza psíquica saudável, não se fica feliz com isso.

A inveja pode impulsionar à maior produção individual

Outro lado da inveja é que o invejado pode ser estimulado a conquistar mais coisas ainda. É só ele pensar a esse respeito, ou seja, sobre como poderia conseguir o que quer, que a inveja desaparece. Esboçar um plano já é o suficiente para fortalecer, novamente, a segurança em si mesmo. Todavia, é preciso também colocá-lo em ação, senão a próxima carga de inveja será maior.

A inveja também é o aborrecimento em relação à própria incapacidade de se conseguir a mesma coisa que o outro. Alguém demonstra que atingir algo é possível e, pronto, que aborrecimento! Das duas, uma: ou isso estimula ou leva a pessoa à passividade, a fazer papel de vítima, a um estado permanente de inveja, que a envenena. Então, possivelmente, isso pode ter um efeito nocivo para o invejado, caso ele não tenha estabilidade emocional satisfatória para ficar em paz consigo mesmo.

Vibrações destrutivas da inveja

A inveja é uma vibração que chega até as profundezas do nível celular. Ela também pode ter uma intensa vibração destrutiva. Quem tem muita gente invejosa ao seu redor, pode adoecer por causa disso e, segundo alguns curandeiros espiritualistas, até mesmo de câncer.

De vez em quando eu vou com meu marido a seminários para libertação dessas energias invejosas, ministrados por um curandeiro russo, que vive na Alemanha. No início não acreditamos, mas assim que ele nos libertou da energia da inveja dos outros, nós imediatamente nos sentimos mais leves e vibrantes.

Esse curandeiro russo chega a considerar a inveja como uma energia fortemente perigosa que se intensifica cada vez mais. Antigamente, seus "dias anti-inveja" aconteciam uma vez por ano. Atualmente, acontecem duas vezes por ano, pois ele acredita que uma só vez não dá mais conta. As pessoas corroem-se de inveja de forma desmedida e, com isso, em termos energéticos, destroem a si mesmas. E não estamos falando aqui do dinheiro ou do carrão que o vizinho se atreve a ter. Se uma criança é melhor aluna do que o próprio filho, imediatamente isso causa inveja, do mesmo modo que um marido ou uma esposa mais bonitos do que os que se tem.

Vê-se nisso que a inveja é um sentimento oriundo da insatisfação doentia com a própria vida. Que pessoa feliz com seu companheiro, com seu trabalho e com sua família se sentiria incomodado com a aparência mais exuberante da mulher do melhor amigo ou com as melhores notas do filho dele?

A inveja não é uma doença, é um sintoma da insatisfação generalizada com a própria vida. A inveja por conta das melhores notas do outro, muitas vezes, origina-se da frustração e do estresse que a maioria das pessoas têm com o atual sistema escolar. Na Escandinávia, supostamente, as notas do filho do vizinho não são tão interessantes. E não são interessantes porque lá a maioria das escolas sequer têm nota! Uma decisão sábia. Em alguns países escandinavos, mais de 90% das crianças fazem *Abitur*[13] e cerca de 70% delas frequentam, então, a universidade. Já a Alemanha se afunda com seus meros 36% de estudantes acadêmicos. A frustração leva à inveja em relação àquelas pessoas que têm menos estresse com o sistema escolar do que nós mesmos. Apesar dos escandinavos terem outros problemas, a inveja não vale a pena de modo algum... (havendo interesse, consulte em minha homepage, a parte dedicada às crianças, *Kinderseite*).

Inveja permanente é prejudicial à saúde daquele que é invejado. Um olhar invejoso de um desconhecido que simplesmente passa por nós, como acabamos de dizer, pode até desencadear sentimentos de satisfação. Em contrapartida, a inveja permanente é destrutiva.

Variante africana da inveja

Eu achava que em determinadas regiões, como por exemplo nos países africanos, não houvesse muita inveja. Não saberia dizer por que, mas, de todo modo, imaginava que, nesses países, as famílias e as pessoas pobres fossem mais unidas. Ao que parece, essa minha visão deve ser um tanto quanto ingênua, pois as babás africanas de meus filhos me

---

[13] A*bitur* é o exame de conclusão do ensino secundário na Alemanha, prestado pelos alunos que cursaram o *gymnasium* (escola que admite somente os que tiveram boas notas desde a escola primária; os demais são obrigados a frequentar escolas técnicas). Só esse certificado permite o ingresso a universidades alemãs, de vários países da Europa e dos Estados Unidos (N.T.).

relatam exatamente o contrário. Elas dizem que na África, se alguém ganha mais dinheiro do que outras pessoas, ele deve guardar segredo, mudar para um lugar distante e providenciar seguranças. Assim que há conhecimento de que alguém possui algumas mercadorias ou então alguns euros a mais que o resto das pessoas, a família inteira vem correndo, mesmo os parentes mais distantes, ou seja, entre trinta e cem pessoas aparecem para exigir sua parte. Afinal, todos são parentes e todos eles, no momento, precisam urgentemente de alguma coisa. Os vizinhos também se juntam à família e, se a pessoa de sucesso recente pretende guardar seu dinheiro, visando um reinvestimento futuro em seu negócio e ampliação do campo de seus empreendimentos, então ela é fortemente agredida fisicamente, até entregar cada centavo de mão beijada! Assim, era uma vez o entusiasmado jovem empresário. A equidade e a consequente pobreza geral é restabelecida. Ah, mas que beleza!

Um comportamento assim, naturalmente remete a uma série de erros na maneira de pensar (por exemplo, na família, tudo é dividido, não é permitido se fazer diferença), contudo, por trás disso sempre se encontra a inveja e a incapacidade de se ver, com tranquilidade, o sucesso do outro.

Inveja energética

O que, supostamente, por vezes, acontece na África, claro, não se dá dessa forma em nosso meio. Pelo menos não nesse nível de agressão física. Mas, em termos puramente energéticos, não parece haver grandes diferenças.

Claus David Gruber diz em seu livro *Das zen der ersten million* (O Zen do Primeiro Milhão) que o maior obstáculo para se permitir riqueza, é, certamente, a inveja que parte dos restritos círculos familiar e de amizades. A inveja por parte dessas pessoas pode consumir alguém, a riqueza pode levar ao total distanciamento – isto é, a maioria das pessoas acaba decidindo por "não ser rica". Inconscientemente, claro. Conscientemente são feitos os jogos de loteria. E quase todas as cem pessoas que, por ano, na Alemanha, tornaram-se milionárias apostando na loteria ou participando de programas do tipo "Show do Milhão", no curto espaço de tempo de no máximo um ano, perderam todo o dinheiro.

Será que todas essas pessoas não suportaram mais a inveja dos outros e preferiram voltar a ser pobres para pertencer ao grupo e não mais estarem sujeitas às vibrações perniciosas da inveja? Talvez seja esta mais uma peça do quebra-cabeça! Sobre o tema, já havíamos falado no início do livro: a incapacidade de se administrar dinheiro de forma sensata.

Em essência, sou adepta da ideia de Götz Werner, acerca da existência de um *salário básico obrigatório* para todos. O autor está convencido de que, fundamentalmente, o homem tem satisfação em participar da sociedade, por meio de seu trabalho, e se sente realizado assim. Por esse motivo, ninguém deixaria de contribuir com seu trabalho, só porque existe um *salário básico obrigatório* – exceto aqueles que sempre procedem assim, não importando o estado em que o sistema se encontra no momento.

Particularmente, também não creio que isso seria um problema. A maioria das pessoas gosta de trabalhar. Mas como fica a inveja nesse caso? Como seria se todos nós, na Alemanha, recebêssemos mil e quinhentos euros por mês para o resto de nossas vidas? Quem existe, tem direito à assistência básica, que cubra todas as necessidades básicas do ser humano; já não há mais trabalho suficiente para todos e todas as complicadas repartições públicas, juntamente com os sistemas de serviços sociais, custam-nos quase o que a assistência básica geral custaria. Por que não pagar logo essa mesma quantia a todas as pessoas?

Eu amo a ideia, sobretudo, a base de pensamento: quem existe tem direito à assistência básica e ponto final. Mas, possivelmente, também enfrentaríamos, aqui, problemas com a inveja se, em todos os Estados do país, as pessoas recebessem o mesmo salário e se, em todas as classes sociais, o salário básico fosse idêntico, mesmo para os que não precisam.

Talvez pudéssemos introduzir treinamentos, por meio da mídia, sobre como lidar com dinheiro de maneira sensata e como desfrutar dele sem inveja. Que todos querem ser belos e ricos e acreditam precisar de montes e montes de coisas fúteis funcionou maravilhosamente com a influência da mídia. Por que não influenciar, positivamente, quando já se tem tal instrumento à disposição? Se todos nós aprendêssemos a nos preocupar com nossas inclinações e desejos íntimos e procurássemos nossa felicidade ali, o tema inveja estaria liquidado.

Soluções para se lidar com a inveja

A inveja é inconsciente. Quando se fala sobre inveja com pessoas extremamente invejosas, elas dizem que conhecem muitos malucos invejosos realmente, mas elas mesmas não o são! É fato: elas não enxergam, não percebem. E o que não é consciente para uma pessoa também não se pode deter. Isso é lógico. No entanto, há "truques" para se prevenir da inveja.

Para evitar que você mesmo tenha inveja, você poderia, por exemplo, passar a cultivar pensamentos com os quais você, conscientemente, se alegre e não se ressinta pelo que os outros têm mais (melhor ou mais bonito) do que você: talvez a namorada mais nova, o marido mais descontraído, o helicóptero mais moderno, o filho mais inteligente etc. Se você se flagra tendo um pensamento invejoso, mude esse pensamento e, em vez dele, deixe-se levar por pensamentos a respeito das coisas que adoraria ter. O que mais lhe agradaria? E se você tem em seu íntimo uma visão exata do que deseja, então, permita também que os outros possam alcançar a mesma coisa!

Isso tem duas decisivas vantagens: em primeiro lugar, você para de se atormentar, por pouco ou muito tempo, com pensamentos invejosos e, em segundo lugar, torna-se insensível em relação à vibração de inveja das outras pessoas!

Mesmo que a maioria das pessoas que o inveja viva do outro

lado do mundo, a vibração chegará até você. Não só no nível subatômico, pois tudo é uma coisa só e tudo é ligado a tudo. Quando alguém andando sobre brasas queima o dedão do pé, essa vibração, definitivamente, chega até o queixo e o nariz. Nenhuma parte do corpo, nesse momento, sente-se maravilhosamente relaxada e em paz, se determinada parte está em tumulto. Humanidade e natureza são, enfim, sempre uma coisa só. Por esse motivo, a vibração de alguma maneira sempre chega até nós.

Faça um experimento de seus sentimentos nesse exemplo: imagine um grupo de milhares de parentes, amigos de escola, funcionários ou colegas de trabalho invejosos que se alimentam de todos os seus fracassos; e imagine que você pensaria: "Seus asquerosos, seus insuportáveis, *vão todos para...*, a culpa é de vocês mesmos".

Penetre o mais profundamente que puder nesse sentimento e, em pensamento, pergunte às células do seu corpo como elas se sentem em meio a essa situação! Considere isso como uma brincadeira fantasiosa e apenas observe o que, no momento, ocorre-lhe a esse respeito.

Agora, deixe os milhares de invejosos como são, e mude sua atitude fundamental. Você agora pensa assim: "Eu desejo que vocês alcancem tudo isso que eu tenho e tudo mais que quiserem; o mundo é grande, vasto, cheio de oportunidades e eu acredito que conseguirão o que querem inteiramente sem a minha ajuda; eu creio na força divina que os habita e fará alcançar tudo o que querem na vida; isso é o que lhes desejo de todo o coração".

Pergunte às células de seu corpo como elas se sentem agora. Você, porventura, percebe alguma diferença? Eventualmente, sente um alívio por não precisar defender-se da inveja dos outros em pensamento, e sim por percebê-la como oportunidade de desejar aos outros que eles também consigam alcançar tudo o que você já tem?

Tomemos como exemplo o *YouTube*[14] e o *MySpace*. Uma boa

---

14 *Youtube* é uma criação relativamente nova da internet e foi vendida ao Google por cerca de um bilhão e meio. O mesmo aconteceu ao *MySpace* que, um ano e meio após sua consolidação, rendeu cerca de meio bilhão (N.T.).

ideia, uns dois anos e vupt!, já se pode ser multimilionário. Não se ressinta! Totalmente consciente, alegre-se pelo sucesso deles!

Esse exercício pode ser feito sempre que você se alegra pelo que o outro possui, ou quando observa, ou sente que alguém o inveja por algum motivo. Deseje imediatamente que essa pessoa alcance o mesmo que você já alcançou. Deseje ao mundo inteiro que os desejos do coração de todas as pessoas se realizem, aliás, em sintonia com a natureza. Quando nós, seres humanos, redescobrimos nossos mais profundos desejos do coração, supostamente eles se encontram, de um modo ou de outro, em sintonia com a natureza, mas até lá não faz mal se também fizermos esse pedido. Pense na Tesla Motors com seu Tesla Roadster, um carro movido a eletricidade, com aceleração mais rápida que a de um Porsche. Com ele, os aficionados por carros esportivos podem, a um tempo, esbaldar-se dirigindo e estimular as pesquisas de preservação do meio ambiente.

Simplesmente deseje à humanidade inteira, para que ela se desenvolva cada vez mais nesse sentido – plenitude para todos em sintonia com a natureza – e, só por esse pensamento, você passará a ter menos problemas com energias de inveja.

Retrocesso à vagareza das carruagens ou avanço à velocidade dos discos voadores?

Apenas para o caso de essa sugestão causar preocupação em algumas pessoas: plenitude para todos não é possível, ainda mais em sintonia com a natureza! No fim de tudo, ainda tenho de voltar a andar de carruagem? Esqueça! Se ter cinco castelos é o que faz sentido para você, se isso, de todo coração, traz realmente alegria, então, confie na natureza para que ela continue lhe assistindo nesse sentido.

Uma pequena observação a respeito de castelos: posso lhe assegurar que é muito difícil alguém querer viver voluntariamente num castelo. Eles são grandes demais e nada práticos. Sei do que estou falando. Uma vez, movida pelo ímpeto da coragem da juventude, *encomendei ao Universo* poder morar e trabalhar em um castelo e, pouco tempo depois, recebi duas propostas para fazer exatamente isso. Após um período experimental vivendo nos castelos, logo me vi farta dessa ideia. Enquanto o ar aquecido sobe para o teto e lá se mantém suspenso, a quatro metros de altura, morre-se de frio nos cômodos, principalmente, nos corredores – ah, um horror de tão frio! E quem vai limpar todos os corredores? É necessário ter empregados em casa, algo que a maioria das pessoas não quer ter ao seu redor, de jeito nenhum, porque prefere viver apenas para si mesmas e suas famílias, em total privacidade, sem que sua paz seja incomodada por ninguém.

No que concerne aos micro-organismos, diz-se que apenas 20% são do tipo *ativo*. O resto são oportunistas ou assim chamados *geradores* que exclusivamente elaboram o que lhes é dado já mastigado. Com os seres humanos não é nem um pouco diferente. Em média, 80% das pessoas se apavoram ao simples pensamento de terem de administrar sozinhas grandes propriedades. Talvez, no momento, elas até acreditem que querem mesmo possuir castelos, porque a propaganda teve êxito em seu sugestionamento. Mas e você? Você também não seria, há muito, vítima de sua própria campanha publicitária que fez para seus clientes? *Será que em sua vida particular há muito tempo tudo não estaria tendo de ser lindo, brilhante, perfeito, como na propaganda, dirigida à caça de clientes, e que foi tão boa, mas tão boa, que você mesmo caiu em sua própria armadilha?*

Preste atenção em seu coração e nas coisas que realmente o fazem feliz. Acredite que se for do tipo *ativo* você pertence a uma minoria. Se administrar grandes propriedades realmente o faz feliz, isso é totalmente válido e absolutamente possível para dar continuidade ao desejo em sintonia com o Todo.

Faça uma pesquisa mundial para saber se deveríamos dividir em pequenas partes o Castelo Neuschwanstein e as distribuir entre os pobres... O mundo inteiro cairia em prantos! Ninguém quer uma coisa dessas, todos têm imensa alegria pela beleza dessa construção única! E, sem sombra de dúvida, em um mundo em que todos vivessem em sintonia com o Todo, com a humanidade inteira, com toda a natureza, também haveria lugar para "Palácios da Beleza". Certamente, nenhum dos 80% de oportunistas *geradores-humanos* iniciará alguém nessa ideia. Como de costume, isso depende de você, do tipo *ativo*. Portanto, relaxe e esqueça a carruagem!

É melhor pensar em como você pode superar a Tesla Motors e sair voando num disco-voador movido a oxigênio (sem esquecer, claro, que temos, então, de produzir o oxigênio sem precisar queimar petróleo novamente). Ou como investir na invenção de uma bateria de carro com custo superbaixo, extremamente durável, que não polua o meio ambiente para que os carros movidos a eletricidade valham mais a pena.

Caso você encontre outros milionários medrosos, ensine-os a prestar atenção em seus verdadeiros desejos do coração e a pensar de acordo com o tempo em que vivemos. Será que seus *corações e sentimentos* também não lhes diriam que alcançarão seus verdadeiros desejos do coração se estiverem em sintonia com tudo, com muito mais facilidade do que se não estiverem?

Lei do mais forte ou cooperação?

Nossa economia ainda se baseia na ideia da lei do mais forte. Nós acreditamos que podemos observar na natureza que o mais forte sempre sobrevive e nos comportamos do mesmo modo: arregaçar as mangas, ensoberbecer, para não sermos devorados. Inveja é uma consequência disso e, com sua energia destrutiva, também faz adoecer e mata o mais forte. Segundo a lei que pretensamente observamos, nenhum leão tem problema com a inveja dos antílopes que devora. Quem sabe, para os seres humanos, sejam mesmo válidas outras leis?

Além disso, também se comenta que a teoria *Survival of the fittest* (Sobrevivência do Mais Apto) de Darwin, foi mal traduzida e interpretada erroneamente. Não é o mais forte que sobrevive, e sim, o que melhor se adapta ao seu meio e se integra ao todo (*fit* = apropriado, adequado).

Na verdade, nesse contexto, também se pode observar na natureza outras coisas completamente diferentes. Você conhece a planta Myrmecodia? Ela nasce na Austrália e no sudeste da Ásia, na copa das árvores e no jardim botânico de Munique, bem lá no alto, no teto da estufa. Como estando suspensa no ar a uma altura dessas, ela consegue alcançar nutrientes? Simples, porém genial: em sua raiz tuberosa, formam-se labirintos que abrigam formigas e as sobras dos alimentos delas servem de nutriente para a planta. Esta é a perfeita cooperação.

Imagine que uma Myrmecodia começasse a temer que, em consequência de um *salário obrigatório básico*, todos fossem forçados a viver em formigueiros. Absurdo. Isso não dá e também ninguém quer. Formigas jamais quererão viver como a Myrmecodia, pendendo do alto da copa das árvores. E se você é do tipo Myrmecodia, que coloca labirintos à disposição, então, com toda a certeza a natureza também não espera que você vá levar a vida de uma formiga. Provavelmente, ela espera, sim, de todos nós, que abandonemos a ultrapassada lei do mais forte. Pois se a supostamente mais forte Myrmecodia resolvesse devorar todas as formigas, ela mesma não sobreviveria.

Na vida do homem, muitas vezes, também é assim: se tivéssemos apenas pessoas do tipo *gerentes*, porque são mais fortes, quem mais haveria de realizar os outros trabalhos? Precisamos de pessoas fortes e fracas, de diferentes tipos, com diferentes talentos. Necessitamos da diversidade. Cooperação em vez de *lei do mais forte*, para o bem da diversidade.

Igualmente impressionante é o exemplo das arraias e seus peixes limpadores. Arraias comem peixes pequenos e os peixes limpadores são peixes pequenos... E por que elas não os comem? Porque eles as limpam – isso é claro. As arraias aguardam a sua vez na fila. Chegada a hora, abrem bem a boca, os peixes limpadores entram ali e lhes limpam os dentes. Jamais a arraia fecharia a boca para se satisfazer, porque ela, afinal, quer voltar a ter seus dentes limpos por eles! Naturalmente que as escamas também são limpas. Depois disso, é a vez da próxima arraia. Isso eu chamo de sinergia! Pelo visto, a *lei do mais forte* não reina em toda parte e, possivelmente, a lei adequada ao tempo em que vivemos diz: "Cooperação de todos para o bem de todos, inclusive, para o bem da natureza!".

Mais uma dica sobre como lidar com a inveja de maneira prudente

Você pode ajudar outras pessoas a encontrarem a si mesmas na vida. Claro que não precisam ser pessoas iguais àquelas que têm tanta inveja de você. Isso seria desnecessariamente trabalhoso, não faria sentido. Gente invejosa não se deixa suavizar tão facilmente, só faz exigir mais e mais de nossas forças quando vamos ao seu encontro. É melhor deixar que isso fique como está. Faça algo completamente diferente: procure ao seu redor pessoas agradáveis, positivas e empreendedoras e as ajude a se realizarem. A alegria dessas pessoas, qual fortaleza energética, vai se erguer em torno de você para protegê-lo contra a inveja dos outros.

O QUÊ E COMO COMPRAR?

Não compre ou faça doações "contra" alguma coisa, mas sim "a favor de"

Quando você comprar ou, principalmente, doar dinheiro, sempre que possível, procure fazer doações "a favor de" e não "contra" alguma coisa. Exemplo: você ouviu falar sobre vandalismo na escola perto da sua casa e gostaria de fazer algo a respeito. Pensando em medidas *contra* o vandalismo, talvez lhe ocorram, em primeiro lugar, ideias como implementação na escola de postos de vigilância e de um serviço de psicoterapia. Com a postura básica de fazer mais *a favor da alegria* pelo mobiliário e pelo edifício escolar e *a favor de* uma relação de mais respeito para com tais coisas, supostamente surjam ideias completamente diferentes.

Apenas para citar uma possibilidade, aqui na Alemanha há arquitetos que incluem os estudantes no projeto de sua própria escola.

Por exemplo, em algumas escolas, há um edifício por classe, com sala de aula, corredor, vestiário e banheiro completo em cada um. E, antes do início das obras, cada turma pode determinar como o edifício de sua classe deverá ser construído. Única condição: a construção inteira não pode ultrapassar a medida 9 m x 14 m.

Naturalmente, assim, a identificação com o prédio da escola é muito grande e o cuidado também é proporcional a ela. Mesmo as subsequentes gerações de estudantes também se identificam com escolas desse tipo e o vandalismo permanece ausente. Algo similar se alcança quando se deixa a encargo dos estudantes a escolha do mobiliário escolar. Ideias assim surgem quando se pensa em agir "a favor de" e não "contra" algo.

Mais um exemplo: se você, pessoalmente, compra "a favor de" ou "contra" alguma coisa, isso também leva a resultados totalmente diferentes. Você compra algo "contra ficar doente" ou algo "a favor da saúde"? Em todo caso, investir "a favor da saúde" é algo mais alegre e, naturalmente, traz consigo melhores ideias.

Eu fiquei sabendo de um riquíssimo casal (conhecido dos meus pais) que, para não ser assaltado, vai às compras no centro da cidade, vestindo jeans surrados e usando um carro velho.

De todo modo, realmente pode ser muito frustrante, quando se tem um belo carro e belas roupas, mas não se pode usá-los na cidade, porque se tem de fazer algo *contra* os inúmeros ladrões. Um pouco mais de diversão poderia ocorrer, em se pensar *a favor da* aventura de se fazer um passeio em total anonimato! No fim das contas, talvez seja a mesma coisa, mas é sentido de forma diferente.

Conclusão: *Não consuma "contra" frustração, vazio interior ou possíveis perigos, e sim "a favor" da plenitude do sentimento de vida e "a favor" daquilo que deseja alcançar.*

Analise a beleza ou a real utilidade em vez de comprar status

É difícil se reconhecer a diferença olhando de fora. Mas se você, por um instante, fizer uma pausa e ouvir seu coração, então será capaz de saber exatamente qual é a diferença. Você compra, por exemplo, um vestido ou um terno porque é bonito (e só por acaso também é caro) ou você compra por causa da etiqueta que leva o nome do estilista caríssimo – embora não tenha gostado tanto assim? Espero que você saiba discernir se investe em beleza ou na real utilidade em vez de comprar *status*. Isso vale especialmente para os homens.

Tomando como exemplo Muhammad Yunus, do Grameen Bank, laureado com o Prêmio Nobel, é importante lembrar que ele concede empréstimos (microcréditos) quase somente a mulheres e, com isso, ajudou a mais de dez milhões de famílias a saírem da miséria e ascenderem à classe média. Quando estive com ele em Bangladesh, quis saber por que ele quase não concede crédito aos homens. Ele me disse que antes de começar com seu Banco, as mulheres em Bangladesh não tinham o direito de tocar em dinheiro. Justiça era, para ele, uma questão importante e por esse motivo inicialmente ele concedeu crédito a 50% das mulheres e 50% dos homens. As mulheres investiram em seus novos empreendimentos e na formação das crianças. Construíram casas e escolas, além de terem pagado seus empréstimos. Em poucos casos os maridos lhes tomaram o dinheiro e desapareceram. Em contrapartida, os homens gastaram o dinheiro com símbolos de *status* e em quase todos os casos deixaram de pagar o empréstimo. Num breve espaço de tempo, ficou claro para Yunus que ele cancelaria quase totalmente de seu programa o empréstimo para homens.

Eu quis saber qual seria a origem desse comportamento dos homens. Se teria algo a ver com a tradição de que em Bangladesh os homens têm fixação em *status* e esquecem de todo o resto. Ele me olhou como se eu fosse um pouco burra e inexperiente (pode ser mesmo que eu seja) e respondeu com toda tranquilidade: "Não, isso é assim no mundo inteiro". Estas foram as palavras de um homem. Eu simplesmente as repasso.

Bem, se você é um homem e tem uma esposa inteligente, então deixe-a administrar seu dinheiro com você e peça mais vezes conselho a ela, antes de comprar vinte *Ferraris*. Talvez ela tenha uma ideia que lhe traga uma realização mais duradoura do que a compra de um carro desses. Mas se você não tem uma esposa inteligente, pergunte a uma boa amiga do clube de milionários. Claro que ela gostará de aconselhá-lo. E, por fim, se você é um homem que tem a sabedoria de Muhammad Yunus, então pode continuar a gastar seu dinheiro da forma que sempre fez.

Esta é, na verdade, a segunda possibilidade: cultivar ambas as porções dentro de si mesmo, a feminina e a masculina e assim criar o equilíbrio "de dentro para fora". Muhammad Yunus me disse que há poucos homens com essa qualidade em Bangladesh, todavia, eles recebem, sim, empréstimos de seu Banco. O mesmo é válido para mulheres. Elas precisam passar por um treinamento a fim de também vivenciarem sua porção masculina e só então recebem o empréstimo.

Compre tempo para você mesmo

Você define a si mesmo por meio do que tem e faz e é definido pelos outros por meio do que tem e faz. Honestamente, isso é um pesadelo. Quando, afinal, você tem tempo simplesmente para apenas *Ser*? Um órgão ou um músculo que não se usa atrofia. O seu "músculo" destinado ao prazer de puramente *Ser* atrofia da mesma forma, se você se define apenas por meio do *ter* e do *fazer*. Invista mais dinheiro em delegação de poderes e se exercite em puramente *Ser*. Não se adquire riqueza interior, nem no *ter,* nem no *fazer*!

Riqueza interior tem a ver com sentir a si mesmo no âmago do ser e poder desfrutar disso.

Isso tem referência com o descobrir seus anseios mais profundos e entregar-se a eles. Mas como se descobrem tais anseios? Faça uma longa lista de todas as coisas que você ainda quer ter, de tudo o que quer para si mesmo, para seus filhos, para o mundo e acima de todas as coisas. Pergunte ao seu coração. Imagine todos esses desejos realizados. Como você se sente? Isso que você deseja é, na realidade, o sentimento de ser feliz – é exatamente esse sentimento que está por trás desses desejos. Cada pessoa sente isso de forma diferente. Por trás de todos os desejos relativamente nebulosos, alguns desejam ser livres. Outros buscam ligação íntima ou amplitude e muitos buscam o regresso à Unidade. O que quer que seja que esteja buscando, simplesmente olhe para dentro de si mesmo.

Invista na sua mente

A beleza das coisas só existe na mente que a contempla.
David Hume

Procure enxergar o belo no mundo e terá paz em seu coração.
Autor desconhecido

A felicidade está nas pequenas coisas. Enxergá-la é uma arte que poucos dominam.
Máxima brasileira

Você, em termos empresariais, exercita-se em artes dominadas por poucos. Mas você também deveria aprender a dominar a arte a que se refere essa máxima brasileira, não é mesmo?

Minha dica dirigida a todas as classes salariais: o menos possível de notícias internacionais logo de manhã ou pouco antes de ir dormir. Estes são, na verdade, momentos que devem ser dedicados a belas coisas mentais. A maioria das pessoas pode ler o jornal na metade do dia. Você se hipnotiza negativamente se a primeira coisa que faz ao se levantar, e a última antes de se deitar, é ler, ouvir ou assistir a notícias que tratam de catástrofes. Invista em sua mente e cuide dela, desfrutando de coisas espiritualmente belas, construtivas e que ampliem a consciência – sobretudo pela manhã e à noite.

Caso você, por motivos profissionais, tenha de estar sempre informado acerca do que se passa, então, dê essa incumbência a dois leitores prévios. Por que dois? Porque você acabou de reconhecer que não quer fazer isso consigo mesmo. Portanto, também não deve desejar o mesmo aos outros. Sendo assim, não tenha o mesmo leitor para manhã e noite, e sim, duas pessoas diferentes. Permita que elas deem uma passada de olhos nas notícias e as resumam para você. Com isso, embora informado, a dose de negatividade é bem reduzida!

Consuma o que tem a ver com você e não o que satisfaz as expectativas dos outros

Ande pela casa e simplesmente perceba quanta coisa tem por lá! Que sentimento, em segredo, você comprou com essas coisas? No momento da compra, que sentimento o objeto lhe proporcionou? Por que, realmente, você o quis comprar?

Na verdade, mesmo sem perceber, nós estamos sempre à caça de sentimentos de felicidade. Do mesmo modo, ao comprar, também nos empenhamos em providenciar sentimentos de felicidade para nós. Com que tipo de sentimento de felicidade suas compras o presenteiam? Que sentimento você compra com maior frequência? Liberdade, reconhecimento, segurança, proteção, estética?

Uma viagem desse tipo dentro da própria casa pode ser muito interessante. Se você for realmente honesto para consigo mesmo, descobrirá tudo o que comprou porque tem a ver com você e tudo o que comprou para satisfazer as expectativas dos outros. Tornar-se consciente é o primeiro passo para, futuramente, se fazer escolhas de forma diferente.

Compre "vontade de viver" em vez de "falta de vontade de viver"

É possível que uma pessoa se encontre em uma situação em que não tenha mais tempo para as coisas "profanas" da vida. Digo, alguém tem um cozinheiro, uma empregada, um jardineiro e um *personal trainer* que vai correr enquanto ele, de sua mesa de trabalho, vê isso tudo acontecer – mais ou menos assim. Falta de tempo, comodismo, luxo, são as justificativas oficiais. Contudo, por trás disso, também pode haver uma "falta de vontade de viver" em diversidade de graus.

Porque apesar de todos os altos voos mentais, ainda somos humanos, temos um corpo perecível que quer ser alimentado. Além de nos movimentarmos ao ar livre, devemos alimentar esse corpo com coisas profanas como arrancar mato do jardim, fazer arrumações, cozinhar, fazer pequenas reformas, colocar papel de parede etc. Entenda-se, tudo isso na devida medida e numa dosagem que não cause estresse.

Quando crianças, não adorávamos poder fazer coisas importantes para a vida adulta? Construir torres com blocos de madeira, vestir e tirar a roupa sozinhos, fazer sopinha da flor dente-de-leão no fogão de brinquedo, construir o primeiro avião com muita cola e papel, plantar a primeira semente?

Naquele tempo, quando fazíamos todas essas coisas de que gostávamos, tínhamos muita vontade de viver. Atualmente, se podemos nos dar ao luxo, preferimos deixar tudo o que tem ligação íntima com a vida a encargo de outras pessoas e nos limitamos apenas a falar, falar e falar e, nesse meio tempo, a responder inúmeros e-mails. Por tudo isso, eventualmente, compramos apenas mais falta de vontade de viver ainda, se deixamos um empregado cozinhar e fazer arrumações aos domingos, em vez de desenvolver uma cultura de alegria pelo "faça você mesmo".

Procure sentir, no fundo de si mesmo, o que a natureza orgâ-

Procure sentir, no fundo de si mesmo, o que a natureza orgânica e psíquica do seu corpo acha de você não mais praticar quaisquer dessas atividades profanas (se esse for o seu caso), se porventura a sua natureza tem mais forte impressão de que você não quer mais saber dessa vida comum e, por esse motivo, se porventura sua verdadeira natureza se retrai mais a cada dia que passa. E você ainda se admira com tantas doenças que uma pessoa aparentemente normal possa estar desenvolvendo? Isso é apenas uma reação da alma à "retirada" de um corpo que, simplesmente, não quer mais participar da vida normal, comum.

Nosso corpo deseja sentir a vida absolutamente normal e quer, sim, participar dela. Quer dizer, ele quer, de vez em quando, poder revirar a sujeira, cavar buracos no jardim, suar; quer, pelo menos uma vez, fazer um monte de coisas sozinho e, assim, vivenciar a realização compreendida no êxito visível.

- Se você fica muito tempo no escritório, então, pode ser uma boa dica enviar energia determinada e frequentemente ao seu corpo físico, aos seus órgãos, células, a todo lugar que possa lhe ocorrer.
- Quando tomar alguém nos braços, imagine que não apenas o sentimento é alimentado, mas também que todos os seus órgãos, todas as células e todo o corpo físico são recarregados.
- Quando for passear, imagine, a cada passo, como cada célula se compraz com a ligação que tem com a natureza e com a Terra.
- Com um pouco mais de frequência, desça sua atenção do nível do cérebro eternamente aconselhador até o nível do coração, mas, depois, também a estenda ao resto do corpo e, com total consciência, faça as coisas simples da vida, com alegria, para que seu corpo possa ainda sentir que você gosta de viver nele. Se agir assim, verá que será uma pessoa cada vez mais saudável.

Você segue cada impulso de consumo para evitar ouvir o silêncio interior?

Se você se pega consumindo, por compulsão, para não ouvir a quietude em seu coração, então é esse o momento em que deve mesmo ir até o fundo de si mesmo para poder se observar melhor. Mesmo que seja apenas por meia hora, sentado ao ar livre. A quietude possui forças revigorantes.

A propósito, meditação não se define, necessariamente, por meio do *"não pensar em"*, e sim, pela observação consciente dos processos internos sem se fazer julgamento dos mesmos, simplesmente para que se possa conhecer a si próprio mais profundamente.

Quanto mais a pessoa procura estar a sós consigo mesma, em meio a essa quietude interior, a capacidade de se sentir alegre espontaneamente se intensifica.

Nossas melhores experiências não se traduzem em nossas horas tumultuadas, e sim, em nossas horas tranquilas.
Jean Paul

Invista na unidade de corpo, mente e espírito

Para muitos *workaholics* (viciados em trabalho), o corpo só existe para carregar a cabeça. Invista igualmente no corpo, na mente e no espírito – sobretudo, invista TEMPO. Você por acaso já observou Roger Federer (primeiro lugar no *ranking* mundial do tênis) durante o jogo? Ele joga de maneira que parece transmitir uma grande leveza. Seus adversários trabalham à exaustão e exatamente por esse motivo não o vencem. Se você investe ao mesmo tempo no corpo, mente e espírito, também é possível que um *flow* (fluxo de energia, ligação com o espírito) assim chegue até a sua vida: qualquer coisa que faça não só é contemplada com êxito financeiro, como também com êxito na parte emocional, realizada e alimentada por isso, pela ligação com o que chamo de *flow*.

Invista em holismo

Sem os pés, uma cabeça não é capaz de chegar a lugar nenhum. E o contrário também é verdadeiro: sem a cabeça e suas qualidades, os pés sempre se perderiam ou então correriam para todos os obstáculos possíveis. Se você se sente, internamente, dividido e infeliz, então você se esqueceu de levar consigo algum pedaço seu. Vá procurá-lo novamente: com o coração, com a razão e com os pés.

Igualmente no caso de investimentos financeiros em longo prazo, é mais divertido pensar de forma holística. O jornal alemão Frankfurter Allgemeine Zeitung disse: "Quanto mais rico, mais moralista". Cada vez mais os grandes investidores prestam muita atenção para, por exemplo, não investirem em países que permitem trabalho infantil; para que nenhuma de suas empresas forneça um parafuso sequer destinado à fabricação de armas ou, então, que seu dinheiro não vá para empresas que se utilizam de substâncias cancerígenas para produção do que quer que seja. Entretanto, de maneira geral, o percentual de investidores com exigências éticas para realização de investimentos é baixíssimo. Quem sabe poderemos elevar esse percentual um pouquinho?

Dê-se ao luxo de ter clientes satisfeitos

Há algum anos, um empresário de sucesso me disse que as pessoas deveriam se dar ao luxo de trabalhar para o cliente e não contra ele. Quando ele, ainda bem jovem, começou com seu negócio, ele sempre empurrava coisas supercaras para seus clientes que lhe renderiam mais lucro. Para ele, na época, isso era uma questão de sobrevivência. Mas quando o negócio começou a dar certo, ele teve de se preocupar essencialmente com o fato de se sentir bem realizando seu trabalho. Atualmente ele pode, finalmente, se dar ao luxo de não aconselhar o cliente a comprar coisas caras, se elas não são realmente o que o cliente deseja. Em longo prazo, isso lhe trouxe mais clientes do que seu comportamento de extorsão. Eu conheço ainda muitos outros que confirmam exatamente isso.

E no seu caso? Você se sente bem com a forma como realiza seu trabalho e com o que oferece a seu cliente? É divertido, lhe traz novos amigos e um sentimento de ligação com o cliente ou só lhe traz mesmo dinheiro?

Doações de todos os tipos

Fazer doações também é algo que se aprende. Muitas vezes, quando um projeto ou um grupo de pessoas sabe lidar com dinheiro, não precisam mais de doações. Mesmo assim, há muitas coisas importantes neste mundo nas quais podemos nos apoiar. Por exemplo, se metemos mais do que dinheiro no projeto, ou seja, o próprio nariz, muitas vezes, podemos constatar que não vamos muito longe no que se refere à utilização sensata do dinheiro. Minha impressão é que muitos projetos incríveis precisam, além do dinheiro, de um superdiretor de projetos, do contrário, não se observam grandes resultados.

Organizações humanitárias para jovens doadores de recursos financeiros

Isso existe de verdade. Essa informação adicional chegou até mim pouco antes da Páscoa, no ano de 2007. Claro que essa organização humanitária, sem fins lucrativos (*Silicon Valley Social*), nasceu no Silicon Valley, pois lá vivem muitos dos novos milionários da internet. Em primeiro lugar, a internet possibilitou que pessoas jovens, ainda antes dos trinta anos, chegassem ao primeiro milhão ganho com seu próprio trabalho. E, os *Rockefellers Jr.*, como os chama a revista alemã Der Spiegel, não investem somente dinheiro, mas também tempo. Fiquei entusiasmada quando li isso. O que eu imaginava, já existia! Para esses jovens doadores, não basta apenas assinar um cheque. Eles trabalham ativamente e, por colocarem em ação suas capacidades e forças criativas, elevam, assustadoramente, a eficiência do projeto. Eles sabem o que se faz necessário, pois investem, primordialmente, em saúde e educação, natureza e meio ambiente, pesquisa e tecnologia.

Esta é, com certeza, uma ótima decisão do que fazer com o dinheiro. Talvez possamos inserir mais um ponto importante nisso, ou seja, o investimento em expansão da consciência – ou melhor, em saltos da consciência – e em desenvolvimento da personalidade.

Charles Darwin fala sobre o olho que, repentinamente, numa espécie de salto evolutivo, passou de rudimentar a evoluído. Pois ou as pessoas enxergam ou não enxergam. A visão não pode ter se desenvolvido lentamente. E é exatamente isso que, na minha opinião, nós precisamos neste mundo: um salto evolutivo da consciência! E a respeito do que se torna possível a partir daí, explico no fim deste livro, fazendo relação com minha visita a Thomaz Green Morton, no Brasil.

Tudo é possível e para nada é tarde demais. De vez em quando, pela simples alegria de experimentar, permita-se ser imperfeito; permita-se ser como uma criança.

Por exemplo, seja o fundador de um clube de culinária para homens ou de um clube de futebol para mulheres. Quanto menos os participantes masculinos souberem cozinhar, quanto menos as participantes femininas souberem bater bola, melhor. Se você é um homem que sabe cozinhar, então pense em outra coisa. Quem sabe um clube de corte e costura ou qualquer outra coisa.

"Belo é tudo aquilo que se contempla com amor", segundo o poeta alemão Christian Morgenstern. E belos também são os experimentos feitos juntos, numa roda de amigos, pois eles nos trazem de volta a capacidade de observar com amabilidade.

Um amigo meu tem um clube masculino de culinária, e ele diz que o único que irrita de vez em quando é aquele que sabe cozinhar de verdade. Fora isso, é sempre muito bacana. Infelizmente, eles não admitem mulheres, senão eu participaria, pois o critério de não saber cozinhar, eu preencho de forma espetacular.

Em suma, procure uma atividade na qual você, objetivamente, possa se permitir ser imperfeito e ainda se divirta muito com isso.

COMO LIDAR COM PROFISSIONAIS INCAPAZES QUE, COMO PESSOAS, SÃO IMPORTANTES E QUERIDOS PARA NÓS

Motivos para botá-los para correr

Sempre há pessoas que não precisamos ter "a bordo" de nossa empresa de jeito nenhum. Elas são negativas, corroídas de inveja, semeiam más intenções na equipe, hipervalorizam-se desmedidamente, fazem maus negócios de forma inigualável, e por aí vai.

Estou vendo isso se passar, neste momento, com uma amiga. Ela tem dois funcionários em sua equipe e por motivos humanitários, visto que eles precisam muito do dinheiro, ela não os quer mandar embora. Por vezes, ela tenta resolver os conflitos por meio da *Comunicação Não-Violenta* (leia mais em *Gewaltfreie kommunikation*, dr. Marshall Rosenberg), outras, com bom aconselhamento, e ainda, outras tantas, praticando *Coaching* (Treinamento). Resultado: ela gasta tanta energia com esses dois "do contra" que, a esta altura, já deve ter comprometido o projeto inteiro. Primeiramente, ela investe sua energia e seu tempo de maneira totalmente desnecessária – simplesmente queimando ambas as coisas – e, em segundo lugar, esses dois funcionários desmoralizam toda a equipe, hostilizam clientes e fornecedores com sua energia invejosa e negativismo. Se, em breve, ela não conseguir controlar ou banir esses dois, é certa a derrocada da empresa.

Um antigo cliente meu (dos tempos em que eu era desenhista) tinha uma loja enorme, de muito sucesso, que ia muito bem. Mal ele acabou de se aposentar e entregou a empresa nas mãos do filho; em dois anos a empresa foi à falência.

Se você perceber que alguém prejudica o seu negócio ou o seu projeto com sua energia, então, é evidente que você precisa de uma ideia genial, ou para integração dessa determinada pessoa, para que ela se torne construtiva, ou então para que ela simplesmente tenha de desaparecer, antes que a empresa inteira pereça por causa disso. Outra ideia é que essa pessoa passe a ocupar um posto onde ela cause menos danos, mesmo que ela não queira admitir isso tão facilmente.

Há uma diferença se alguém joga futebol no time dos leigos ou na Seleção. No mundo do futebol, ninguém discutiria se um jogador amador deveria ser admitido na Seleção, porque, do contrário, ele ficaria triste ou então porque ele precisa muito do dinheiro. No mundo empresarial, isso é muito parecido: precisa-se de outros colegas, se se quer jogar no nível de "Seleção". E aquele que não corresponde às expectativas, pode prejudicar o todo, da mesma forma que um jogador ruim na Seleção.

A não ser que não se jogue para vencer, mas pela simples "alegria de *existir*", então, sim, uma determinada porcentagem de incapazes pode ser digerida com descontração, a partir do momento em que sejam pessoas agradáveis de se ter por perto. É preciso que se observe com quantos incapazes se pode jogar pela simples "alegria de existir", de modo que o negócio sobreviva bem. Quem sabe até esse seja mesmo o melhor jogo?! Você decide.

Empreendedorismo com coração – uma possibilidade diferente

Talvez esta seja até mesmo uma possibilidade totalmente diferente. Quer dizer, se alguém põe em prática o empreendedorismo com o coração, pode-se ter como "efeito colateral", por parte de alguns funcionários, as melhores qualidades que se poderia supor que existissem. E, de uma hora para outra, ainda se observar o aumento das vendas. Como?

Um *leitor de prova*, ou seja, um avaliador para a leitura prévia de meu original, acabou de me contar a história de um empresário que durante anos tinha o propósito de se tornar milionário de qualquer jeito. Ele trabalhou à exaustão, pressionou os funcionários até onde podia, mas mesmo assim nada de milhão. Até o dia em que jogou tudo para o alto e resolveu recomeçar. Ele disse para si mesmo: "Agora eu só me interesso por qualidade de vida para todos: para mim, para os funcionários e para os clientes". Se um cliente desejasse algo que a concorrência produzisse melhor que ele, então, ele mandava o cliente ir até seu concorrente. Ele viu o filme Milagre em Manhattan e chegou até mesmo a treinar seus funcionários para informarem aos clientes onde encontrariam o que haveria de melhor, se ele mesmo não pudesse providenciar o que o cliente desejava. A partir desse momento, seus antigos funcionários – diz a história – começaram a render, no mínimo, duas vezes mais, os melhores funcionários do concorrente pediram demissão e foram contratados por sua empresa e os clientes chegavam em multidão. E, de uma hora para outra, ele se tornou, sim, milionário. Em consequência disso, já que na amplitude dos arredores da cidade a melhor mão de obra especializada fazia parte de sua empresa, repentinamente, toda a equipe estava altamente motivada, e ele pôde até manter um "falastrão" no time. Anteriormente, esse sujeito esteve, sim, sobrecarregado com atribuições demais, embora, por outro lado, também desempenhasse uma "função catalisadora" na empresa.

85

Ele sempre sabia de tudo e informava a todos o que sabia. Antes, o empresário acreditava que manter esse sujeito lhe custava muito dinheiro, pois ele não demonstrava uma produtividade claramente reconhecível. Atualmente, ele o mantém por simples prazer e alegria, por ter constatado, ainda, que não é nada mal a casa ter um sistema vivo de informação.

Wolfgang Berger está convencido de que isso é possível nas empresas: maior lucro por meio de *Business reframing* (Resignificação de Negócios) e pela maior satisfação dos funcionários. Em seu livro de mesmo nome ele descreve exemplos valiosos, além de manter um website sobre o tema. Seus clientes não precisam, obrigatoriamente, elevar suas vendas. Elevar o "grau" de humanismo dentro da empresa é o suficiente, pois assim automaticamente o lucro também se eleva. As coisas mudam, se você muda a energia. Não se pode generalizar e dizer que "incapazes" devem ser imediatamente banidos.

As perguntas que você pode fazer a si mesmo, são:

- Eu jogo pela vitória ou pela alegria de viver?
- O quanto eu gostaria de trabalhar em minha própria empresa? O quanto eu gostaria de produzir nela?
- Quantas vagas de trabalho assistenciais eu posso e quero abrir?

Caso haja muitos funcionários aparentemente incapazes, então você poderia se perguntar se o motivo não estaria na atmosfera básica que reina na empresa. Se a resposta for positiva, o problema não poderá ser solucionado apenas com a contratação de novos funcionários. Se você estiver certo de que não tem a menor alegria pela participação de alguém em sua equipe, então deixe que essa pessoa se vá, sem remorsos. Talvez ela encontre uma vaga em outro lugar, onde sua presença seja mais desejada. É um despropósito conservar algo que não faz exatamente bem a nenhum dos envolvidos.

Diminuição da procura após o sucessor

É muito difícil quando um empresário de sucesso vende sua empresa e seu sucessor se revela "sobrecarregado". Quanto mais alguém se aproxima do topo de uma montanha, mais rarefeito é o ar. Não há mais tanta gente que ainda tenha condições de tocar uma empresa de maneira próspera. Por esse motivo, não é difícil acontecer que alguém se sinta "no fim de suas forças".

Um dos milionários que apareceram, desde a cantoria de Natal, tem, neste momento, noites de insônia porque seu sucessor, a quem ele vendeu sua empresa, acaba de arruiná-la em tempo recorde. Assim como no exemplo do filho que também arruinou a empresa do pai.

Todavia, isso também não é motivo para você manter uma empresa, se você sabe e sente que outros projetos têm lugar na sua cabeça. Se você continuar a dirigir uma empresa, indo contra a consciência que tem das coisas, indo contra a missão a que sua alma está destinada, de uma maneira ou de outra, você simplesmente adoecerá e lá debaixo da terra, não poderá continuar tocando empresa nenhuma!

Se você faz de tudo para vender bem a empresa e colocá-la em boas mãos, você também deve "virar a página" e parar de investir sua energia nisso. Você não é a mamãe nem o papai de todos os funcionários dessa empresa, com a obrigação de lhes garantir emprego vitalício, ainda mais após a venda da firma. Visto que, assim como eu, você também deve conhecer muitos diretores de empresas que se preocupam pouquíssimo com uma boa sucessão, em que o bem do Todo é inteiramente indiferente; também deve conhecer outros que se preocupam demais e se destroem com isso. Como sempre, a arte está na capacidade de cada um encontrar um meio termo que lhe caiba bem.

E, naturalmente, também há o caso de alguém vender seu negócio, mas continuar no conselho administrativo ou no conselho fiscal, manter sua parte nas ações etc. Também neste caso, em seu lugar, eu refletiria que significado isso tem, e, principalmente, se tem significado, e qual é a motivação que me leva a fazer isso. Tudo é energia e em toda empresa em que você se mantiver, você também fará parte da energia.

Simplesmente olhe, com toda honestidade, para dentro de si mesmo e questione-se:

- Por que estou fazendo isso?
- Como isso me parece ser?
- Como me sinto realmente com isso?
- Quanta energia realmente tenho à disposição para isso tudo?

Motivos para manter na empresa queridos funcionários incapazes

Suponhamos que você tenha alguém na empresa que, não importando a energia que reine no lugar, sempre atrapalhe o fluxo das coisas, enerve todo mundo, e assim por diante. Um caso extremo, praticamente. Curiosamente, a maioria das pessoas parece ter alguém assim na família. Mesmo as babás dos meus filhos, que são de países do terceiro mundo, falam, frequentemente, sobre casos extremos assim em suas famílias.

Bem, para o caso de você também ter por perto uma pessoa assim tão extrema, mas que lhe é importante – um parente ou algo do gênero: o "incapaz", em termos profissionais (refiro-me a pessoas que ocupam cargos para os quais, realmente, não possuem a mínima capacidade para exercê-los a contento – claro que, em outras esferas da vida, elas, ainda assim, podem ser muito capazes, e, por que não dizer, imensamente capazes) é, apesar de tudo, um ser humano e alguma qualidade tem. Pelo menos nesse cargo atualmente ocupado, provavelmente, ele não possua nenhuma capacidade comercial ou de trabalho em equipe, mas, capacidade *humana* ele tem, com toda a certeza!

Com alguém assim, você pode continuar caminhando no nível

particular e combater tudo o que você, no âmbito da empresa, não quer mais que aconteça. Por exemplo, poderia haver uma continuidade apenas no patamar do coração, mas não no dos negócios. Verdade é algo que se espera e isso você pode, sim, dizer a essa pessoa. Se, depois disso, ela não quiser mais contato com você, tudo bem. Mas talvez, assim, ela entenda, finalmente, o que você estava falando.

Alguns têm parentes que não gostariam de ver em sua empresa, mas que, talvez possam maravilhosamente trocar ideias profundas, jogar baralho, coisas assim. Não há razão para deixá-los de lado; só porque são verdadeiros fracassos no comércio, não é motivo para querê-los longe. Uma ideia seria dar-lhes uma segunda chance, num outro cargo, onde eles causariam menos danos. Em nosso planeta, há sociedades isoladas que dão a cada um o direito de delas participar, mesmo que o indivíduo seja do tipo que, permanentemente, emperre os negócios e dificulte o convívio entre as pessoas. Ser humano é ser humano e tem o direito de ser tratado como ser humano, pelo menos é o que se diz por aí...

Essa segunda chance não precisa ser, obrigatoriamente, na sua empresa. Também não falo da possibilidade de jogar a pessoa para o concorrente detestável, e sim, que você (caso essa pessoa lhe seja alguém importante) crie uma atividade adequada para ela. Invente alguma coisa. Em caso de emergência, funde uma associação de uso comum, de modo que, pelo menos, você possa abater os custos. No caso do tipo que eu imagino é, de uma vez por todas, muito mais barato deixá-lo enrolar, fazendo algo em outro lugar, do que deixá-lo trabalhando em sua empresa diariamente, só para colar selos nos envelopes da correspondência externa (estou falando aqui apenas sobre esses tipos, não sobre casos inofensivos). Há pessoas que simplesmente atrapalham em absolutamente todos os cargos, porque elas trazem, em si, um programa secreto de autossabotagem, que transtorna todo o ambiente ao seu redor. Tais pessoas, na verdade, precisariam muito mais de uma terapia do que de um emprego, mas na maioria das vezes elas não querem enxergar isso.

Dentre meus conhecidos há o modelo que alguns novos-ricos adotam para auxiliar parentes mais pobres, oferecendo-lhes um salário básico mensal de mil a mil e quinhentos euros, simplesmente para lhes possibilitar uma vida digna, não importando o quanto sejam profissionalmente incapazes ou, em alguns casos, o quanto sejam apáticos. Por um lado isso me agrada porque sou fã da ideia de um *salário básico obrigatório* para todos os seres humanos, mas, nesse caso, as pessoas receberiam dinheiro do Estado, e não de um conhecido ou parente que, muito provavelmente, elas tenham inveja.

A ingratidão das pessoas providas com esse salário básico é sempre fenomenal. Em vez de ficarem contentes, elas reclamam, o que é, simplesmente, inacreditável. Primeiramente, nunca é o suficiente o que recebem, além disso, costumam zombar da vida de seu "patrocinador": *O idiota fica arrumando trabalho à toa, só pode ser mesmo uma besta, agora deu para trabalhar também no fim de semana; eu faria tudo diferente, ele não tem a mínima noção...*

Essas pessoas simplesmente não conseguem encarar a própria verdade e compensam seus complexos desferindo injúrias contra a pessoa de quem recebem dinheiro. Se o "patrocinador" não vivesse do jeito que vive, jamais poderia "contribuir" com seu dinheiro para a vida de ninguém.

Falando com toda sinceridade, eu não faria isso. Parece-me que, assim, eu estaria dando energia para essa pessoa (em forma de dinheiro) e ela (em forma de inveja, injúrias e reclamações) iria usá-la contra mim. Minha sugestão, caso você se encontre em uma situação assim, de querer auxiliar com o seu dinheiro uma pessoa que é só ingratidão: cuide para que essa pessoa lhe trate com respeito, caso contrário, não lhe dê absolutamente nada. Como você pode fazer isso? Deixe que ela faça trabalhos assistenciais que você paga. Por exemplo, na área de cuidados com idosos, quase nunca há tempo suficiente para se cuidar de todos os idosos, há sempre uma demanda grande de pessoal, por toda a parte. Você pode, então, fundar uma associação de uso comum, ambulante, que ofereça os serviços de assistência, bem como de apoio interpessoal para os necessitados. Só pelo fato de essa pessoa ter de produzir para ganhar o dinheiro, ela, automaticamente, desenvolve mais respeito *por si própria* e, consequentemente, também por você.

Na verdade, este é de fato todo o segredo: a pessoa que recebe o dinheiro de graça, só o ataca, porque ela já não tem mais respeito por si mesma, visto que vive "de caridade". Ela reprime esse sentimento e o direciona a você. Devolva a ela o respeito por si mesma e – pelo menos relativamente – a paz voltará a reinar.

Como e quando tomar por si só a decisão correta

Isso é muito simples. Mesmo que você tenha remorso por ser rico, jamais se deixe persuadir pela verdade do outro! Isso acontece nas famílias e, a esse respeito, as complexidades emocionais predominantes são permanentemente observadas no meio em que se vive. Isso tão somente intensifica as complexidades e não resolve nenhum problema. Eu penso que só se trata de você descobrir sua própria verdade e vivê-la como ela é.

Portanto, simplesmente, pergunte a si mesmo:

Neste caso, ao que se refere à "pessoa-problema", que solução me parece a mais adequada?

- Banimento, ou
- alguma forma de integração, ou
- trabalho extra, por exemplo, criação de uma atividade assistencial para ela, ou
- modificar a energia na empresa, ou

- colocar mais coração em toda a estrutura empresarial e examinar se, por esse motivo, muita coisa se tornou positiva, ou
- decidir se jogo pela vitória na vida e na empresa ou pela "alegria de existir".

A última frase, particularmente, é a que se pode repetir sempre. Às vezes, pode ser mesmo ótimo jogar simplesmente pela vitória, anos a fio e, em algum momento, chegar lá. Não deixe que ninguém lhe diga como as coisas têm de ser. Atenha-se apenas a redescobrir, permanentemente, em que posição você se encontra nesta vida e o que é inteiramente novo e faz com que se sinta bem. Não interessa, de modo algum, se as outras pessoas compreendem ou não as decisões que você toma.

Essa é a única coisa que você tem a fazer: descobrir com que proposta você se sente bem! Caso você se sinta mal por simplesmente demitir alguém, sem maiores explicações, então não pergunte a ele, nem à sociedade, o que seria mais apropriado, pergunte a si mesmo que proposta *você* gostaria de fazer à pessoa em questão, pronto e acabou. Dessa forma você verá se ela a aceita ou não.

Talvez ela não aceite sua proposta e você simplesmente não consiga compreender como alguém pode deixar escapar uma chance como essa. Ainda mais depois que você investiu tanto tempo, energia e compaixão nessa ideia. Não deixe que isso o perturbe. Minha experiência é que, logo depois, aparecerá alguém que precisa exatamente dessa proposta e vai recebê-la com grande alegria e gratidão. E todas às vezes que você o vir, ficará contente por ver o que ele fez com a chance de trabalhar no cargo que você lhe propôs.

Nada do que se faz com claros propósitos e boa energia é em vão. Estou inteiramente convencida disto. E, ainda: a vida lhe dá o troco em moeda própria, que nem sempre é dinheiro, mas sim, sorte, alegria, saúde e afins.

Em oposição: "Eu não posso fazer isso, demitir essa pessoa, o que os outros vão dizer, imagine se minha avó viesse a saber disso, como eu sou mau e sem coração, eu não quero nem mais ouvir falar nisso" – isso é abnegação. E abnegação tem como consequência a vida lhe cobrando as mesmas qualidades (perda da sorte, da alegria, da saúde) como pagamento por você não viver sua própria verdade.

EFICÁCIA AO SE DAR DINHEIRO "DE PRESENTE": DIFÍCIL, MAS POSSÍVEL

Mesmo que tenha amigos ou parentes que você julgue saberem lidar com dinheiro (ou talvez nem tanto assim, embora saibamos que "dinheiro dado faz até milagre" e, de repente, em meio aos parentes, descobre que há, de fato, alguém "geneticamente competente" para a "missão") e a quem você gostaria de ajudar dando de presente algum valor, essa intenção derruba o problema de se fazer "caridade" e traz baixa na autoestima do beneficiado. Por meio de uma atitude dessa natureza, dar de mão beijada alguns milhões ou mesmo "apenas" um milhão, a energia do embaraço se instaura. Possivelmente, pode ser que haja até mesmo o fim da amizade verdadeira, pois a pessoa beneficiada pelo seu gesto, sente que lhe deve obrigações ou então acredita que terá de lhe ser grata para o resto de sua vida.

Por certo não queremos que a atitude prejudique a relação, que ela venha a se tornar embaraçosa e artificial. A fim de evitar contratempos, pague a pessoa pela realização de trabalhos assistenciais ou comunitários, conforme sugerido no capítulo anterior. Há toneladas de coisas que seriam ótimas de se observar em multiplicação, nesse mundo, caso fossem realizadas, a exemplo de *Coaching* para sem-teto, adolescentes, desempregados, habitantes de países de terceiro mundo etc.

"Ajude-me a fazer sozinho" é um dos temas centrais da filosofia educacional montessoriana. E outro segredo de vida é: "Aquilo que não se domina, aquilo que não se sabe, tem de ser ensinado. Depois que se aprende, domina-se". De acordo com suas próprias impressões e/ou com as da pessoa a ser beneficiada, mande-a ir fazer o que ela está precisando aprender, justamente para ensiná-la. Envie-a para realizar trabalhos em camadas da população que se evidencie um grau de instrução inferior ao dela. E por esse trabalho você lhe paga o salário que achar que deve.

Você também pode dizer a essa pessoa que acaba de descobrir que só dar dinheiro não adianta muita coisa e, por esse motivo, a partir de agora você está fazendo doações de "treinamentos para necessitados" e pagando aos monitores. Ainda assim, pode surgir outra dificuldade. Se você for o chefe dos seus amigos e parentes, essa sugestão também não é bem recebida, pois mais uma vez aparece o indesejado comportamento de "obediência ao patrocinador".

Mas também para este caso eu teria uma boa sugestão: reúna-se com alguns amigos e conversem sobre o assunto. Você contrata a prima empobrecida do seu colega empresário e, em troca, ele admite o seu sobrinho. Assim, o problema está resolvido. O beneficiado não terá de amargar a obrigatoriedade de gratidão permanente, porque ele trabalha para ganhar seu dinheiro e não poderia sentir que lhe deve obrigações, já que você não é o chefe! Além do mais, se por acaso você paga o salário do seu sobrinho e seu amigo paga o da prima, ninguém precisa saber. E se ambos recebem mais ou menos a mesma coisa, não importa.

A técnica mais elegante para as pessoas que encontraram o sentido de sua vida e a própria vocação, mas ainda não ganham muito dinheiro com isso, é ajudá-las a serem bem-sucedidas profissionalmente. Este é um importante e energético marco no clássico *A ciência de ficar rico*, de Wallace Wattles, para se manter a riqueza que já se possui: "Ajude os outros a ficarem ricos também".

Com certeza você já conhece essa técnica. Na maioria das vezes, ela não funciona para pessoas que ainda não encontraram sua vocação ou para as que não têm interesse em seguir uma carreira. Mas pode ser que você queira saber como poderia ajudar a alguém exatamente assim. A sociedade como um todo precisa de pessoas dispostas a "deixar que a alma relaxe" ou que, simplesmente, desempenham uma "função catalisadora" na troca geral de informações. E, na minha opinião, também precisa de pessoas que tenham tempo e dinheiro suficientes para desenvolverem sua personalidade. O que se alcança nessa área, de alguma forma, também passa pelos *workaholics* e forma novos padrões de comportamento na população. Portanto, desenvolvimento da personalidade é um trabalho importante.

No filme Jornada nas Estrelas – A Nova Geração, eles souberam reconhecer bem isso. Em um determinado episódio, alguém que ficou congelado por séculos acorda e a primeira pergunta que faz é a respeito de suas finanças. Ele precisou de muito tempo para entender que isso já não existia mais, muito menos miséria ou guerras nos planetas, mas que as pessoas se dedicavam ao refinamento do desenvolvimento de suas personalidades.

No Episódio I eu também achei muito engraçado o seguinte: uma forma de vida inorgânica extraterrestre descreve os seres humanos como "feios sacos d'água" (porque, dizem, somos feitos de 90% de água) primitivos demais. Os seres humanos deveriam retornar trezentos anos, depois que tivessem refinado seu caráter e sua personalidade.

Logo, essa também seria uma ideia, em se tratando de doações feitas a amigos ou parentes. Apresente a eles a condição de que, antes de receber o dinheiro, é necessário a participação em um seminário sobre desenvolvimento da personalidade. Dinheiro, só depois disso.

97

Desta forma, pode-se motivar as pessoas "que estão no chão" a voltarem a investir em si mesmas. Mas eles não são obrigados. As pessoas em questão talvez queiram me xingar, dizendo que eu os incentivo à extorsão, mas usando as palavras do meu padrasto: "Há pessoas a quem simplesmente não se pode dar dinheiro, uma vez que se sabe, de antemão, que elas jogarão tudo fora. Prefiro jogar dinheiro no laguinho do meu jardim, porque, pelos menos, eu ainda o posso ver boiando!".

Por esse motivo, eu vejo legitimidade na ideia de dar dinheiro, sim, mas somente sob a condição de você se sentir bem fazendo isso. Do contrário, só deve haver "cesta básica" em vez de dinheiro. Assim, pelo menos você sabe em que o dinheiro está sendo gasto.

Compensação entre dar e receber

Nesse meio tempo, os primeiros membros do nosso público-alvo leram o manuscrito deste livro e têm-me chegado *feedbacks* e *inputs* interessantes. A seguir, reproduzo uma conversa entabulada entre duas senhoras durante uma festa de inauguração para a qual elas me convidaram.

A primeira senhora contou-me que uma parenta sempre lhe pede emprestadas as mais diversas coisas e se espanta todas às vezes que ela pergunta pela devolução: "Ora, mas eu pensei que você havia me dado de presente". Ela sempre vinha toda prosa, querendo dinheiro emprestado. Simples assim. Ela não paga sequer um centavo e simplesmente pensa assim: "Você é rica, eu sou pobre, então, *passa para cá!*".

Por sua vez, a outra senhora a aconselhou, dizendo que seria melhor que deixasse de lado o auxílio à parenta, mas ela imediatamente retrucou:

– Pois é, mas é parenta. Eu não posso simplesmente abandoná-la.

– Se você quiser agir em relação a ela de forma responsável, então não permita que ela tire coisas de você sem que haja uma compensação! A natureza tem por base a compensação. Se você dá objetos ou dinheiro para seus parentes, sem que haja compensação, eles se afundam cada vez mais na carência das coisas e no empobrecimento. E você também é responsável por isso. Se continuar a agir assim, sua parenta, em algum momento, acabará entregando à diretoria a declaração de "Revelação de Interesse".

– Não entendo.

– Simplesmente enviar dinheiro aos países em desenvolvimento não adianta nada. Isso só serve para alimentar a corrupção. A única coisa que realmente ajuda é dar suporte à autoajuda!

– Humm...

– Quanto mais essa parenta pegar suas coisas emprestadas sem lhe devolver, mais isso será notado no que ela transmite. Ela não pode enganar a sua verdadeira natureza. Ela sabe que se apoderou de alguma coisa sem lhe dar nada em troca como compensação. Não precisa ser dinheiro. Mas ela tem de lhe dar alguma coisa em troca. Qualquer coisa. E se ela, ainda por cima, sempre exige dinheiro sem propor compensação, a cada vez que recebe o "donativo", ela se afunda mais e mais, na consciência de sua carência e pobreza. E a culpa também é sua. A "irradiação" da falta de compensação influencia todos os aspectos de sua vida. Sua existência inteira tende a tirar dela, novamente, tudo aquilo que ela tomou de você sem dar nada em troca. Aliás a vida tem essa tendência de reabilitar a compensação entre dar e receber. Estou lhe dizendo, você a leva cada vez mais para o fundo do poço.

– Mas o que eu devo fazer?

– Dê a ela apenas uma única opção, ou seja, dê-lhe algo em troca do que lhe pede, senão nunca mais empreste. E não empreste mais nada a ela que você ainda queira usar. Diga a verdade, o porquê, com todas as letras!

Uma conversa interessante, não? A propósito, essa senhora em questão (a esperta) é uma entusiasta da ideia de um *salário obrigatório básico* para todos, no entanto, para ela, o mais importante é o recebimento de um salário dessa natureza vinculado ao cumprimento de determinadas obrigações sociais. Mesmo que seja varrer as ruas por apenas três horas, durante a semana ou até mesmo durante o mês.

Ela diz: "Os que mais prestam são aqueles políticos que vieram de baixo, principalmente, os que eram operários. Eles conhecem de perto o povo que devem governar. Aqueles que são filhinhos de papai rico, que lhes financia absolutamente tudo e são transferidos diretamente da universidade para a política, muito raramente, são capazes de realizar um bom trabalho. É assim no mundo inteiro. Creio que a nossa política, na Alemanha, poderia se transformar positivamente, se tanto os políticos quanto industriais passassem a ter, obrigatoriamente, três horas de sua semana reservadas ao exercício de trabalhos comunitários, como varrer as ruas, cuidar de idosos nos asilos, distribuir comida para o auxílio dos sem-teto etc. Isso lhes traria a cura e a certeza de terem os pés no chão".

Achei esse relato simplesmente extraordinário.

Após a leitura da primeira versão bruta de meu manuscrito, outros dois *leitores de prova* que pertencem ao público-alvo, contaram-me o seguinte: eles não emprestariam um centavo sequer a alguém que lhes fosse íntimo. Porque se essa pessoa não pudesse pagar o empréstimo, a amizade ficaria comprometida. E que não se pense que o motivo para isso seriam acusações feitas ao amigo devedor, e sim, o fato de ele, por ter consciência pesada, acabar usando mecanismos de defesa que, além de tudo, ainda o fariam reagir agressivamente, por exemplo, se por acaso encontrasse o amigo rico na rua.

Um deles me contou que a empresa da mulher de seu falecido amigo de longa data foi à falência e ela queria que ele lhe emprestasse uma grande soma em dinheiro. Ele teria ficado dias sem saber o que dizer e, à noite, não conseguia dormir, ficava rolando na cama. Por fim, ligou para ela e disse que emprestar dinheiro estragaria a amizade. Ele preferia não lhe emprestar nada, pois para ele a relação que tinham era valiosa demais. Ele se sentiria mais à vontade em lhe dar de presente uma quantia menor, quer dizer, ele jamais quereria recebê-la de volta.

Após ouvir a proposta, a primeira reação da mulher foi ficar chateada, mas depois ela a aceitou e ficou muito agradecida. Atualmente, ela se encontra numa situação financeira estável, encontrou uma sócia, recomeçou seu negócio e eles têm uma relação transparente. Ele disse, ainda, que o interessante é que desde esse caso não apareceu mais ninguém para lhe pedir dinheiro emprestado. Do momento que tudo isso ficou claro para ele, igualmente também ficou claro para o mundo à sua volta. E quando ele deseja ajudar alguém que lhe seja íntimo, ele o faz por iniciativa própria e somente sob forma de presente.

O segundo *leitor de prova* mencionado age exatamente da mesma forma que o primeiro. Nada é emprestado, só doado, em todos os casos. Ele acredita que emprestar dinheiro não resulta em boa coisa. Essa regra, na verdade, deve valer apenas para um só presente dado de uma só vez. Ele me disse que se sente muito culpado, face à acusação de haver mimado e influenciado seus filhos e netos, a ponto de eles não serem capazes de cuidar sozinhos de si mesmos. Ele esbraveja, mas, no fim das contas, acaba enfiando a mão nos bolsos e dá tudo o que lhe pedem. Claro que assim que suas contas estiverem quase no vermelho, eles voltam e isso nunca demora muito a acontecer. Ele diz que se fosse mais jovem colocaria em prática com toda a seriedade a ideia de trabalho em projetos sociais em troca do dinheiro, mas tudo vai continuar sendo mesmo como já é.

Giovanni, um dos *leitores de prova* a quem consultei, disse-me: "Se você sempre der peixes de presente a um pescador, jamais ele aprenderá a pescar. Na verdade, com essa atitude, você arruína a vida dele".

Isso me fez lembrar da viagem à Índia. Eu e meu marido visitamos um *Ashram*[15] no ano de 2000 (saibam que não sou discípula de ninguém, sou apenas eternamente curiosa e gosto de experimentar coisas). Lá impera a estrita proibição à caridade. O guru nos disse que, no início, turistas alemães sempre davam dinheiro a um vizinho pobre do *Ashram* que, tipicamente, após receber uma doação de, por exemplo, cinco euros, imediatamente parava de trabalhar e só reaparecia para retomar seu posto, cerca de um mês depois, quando o dinheiro já havia acabado. Mas, nesse meio tempo, sua vaga fora

---

15 Na antiga Índia, esse era o termo usado para designar um eremitério hindu onde viviam os sábios. Atualmente, emprega-se o termo para designar uma comunidade – formada intencionalmente – que visa a promoção da evolução espiritual de seus membros, sob orientação de um místico ou líder religioso (N.T.).

preenchida por outra pessoa. Esse vizinho, queimando de ódio, veio bater na porta do *Ashram* para exigir mais dinheiro. Por esse motivo, o guru fundou uma organização para donativos e aconselhou a outras organizações, que ele sabe que conhecem bem a situação no país, a oferecerem "ajuda à autoajuda", em vez de arruinar totalmente a vida das pessoas dando dinheiro, porque elas simplesmente não sabem lidar com ele de forma prudente.

Dar de presente também pode trazer um pouco mais de fé na vida

Na vida, como sempre, não há regra fixa que sirva para todas os casos. Às vezes, vale exatamente o oposto: uma amiga minha me contou que antigamente sua avó lhe dava dinheiro sem que ela pedisse. Aliás, para a condição financeira que tinha na época, era relativamente bastante dinheiro. Isso teve dois resultados. Por um lado, ela pôde viajar mais, tomar parte em mais cursos de extensão e projetos, bem mais do que conseguiria sem a ajuda financeira da avó; por outro, esse comportamento da avó gerou nela um sentimento de plenitude. De alguma maneira, ela passou a ter mais fé na vida. A avó sempre apareceria para ajudá-la (a avó já faleceu há muito tempo) nos momentos difíceis, acreditava. E isso, de fato, aconteceu.

Quando ela e seu marido começaram a construir sua casa, na verdade, não tinham dinheiro suficiente. Mas mal eles começaram com as obras, apareceram as mais diversas possibilidades de se ganhar dinheiro. Os dois não só construíram sua casa totalmente de acordo com seu gosto. Tudo deu certo, desde que a casa ficou pronta, não há qualquer dívida pendente. E quando começaram as obras, eles não tinham nada. Ela diz que, na realidade, isso sempre acontece com ela. E ela está convencida de que foi sua avó que plantou em sua alma essa sementinha, essa fé, essa confiança na vida.

Conheci outro casal que diz a mesma coisa. Ambos têm como base uma sólida confiança na fartura da vida e, sempre que eles precisam de uma quantia maior de dinheiro, ela simplesmente aparece. Uma vez houve a necessidade de uma reforma urgente e inesperada em uma parte da casa. E, naquele momento, apareceu alguém para lhes dar uma boa dica de negócios que pouquíssimo tempo depois lhes renderam exatamente a quantia de que precisavam para pagar a reforma.

Eu tenho a impressão de que uma das pessoas que faz parte do público-alvo, que me apareceu após a cantoria de Natal, não diz a seus filhos que possui tanto dinheiro assim. Por puro medo de que eles, futuramente, venham a ser mimados ou megalomaníacos. Mas, de acordo com o que ele mesmo diz, ele também exagera um pouco. As crianças me causam a impressão de que não têm consciência de suas posses. E isso com pais podres de ricos! Será que faz algum sentido? Que lição elas tirarão para sua vida?

A meu ver, é uma verdadeira dádiva poder oferecer a alguém um sentimento de fé na fartura da vida, se essa pessoa está de acordo com isso, ao mesmo tempo em que também se importa em dar o merecido valor à abundância.

Eu mesma tive uma tia assim e, sem ela, eu não seria escritora. Ela era brigada com toda a família. Mas nós duas tínhamos os mesmos interesses e sempre muito o que conversar.

Ela acreditava que eu tinha de participar de alguns bons seminários, viajar um pouquinho pelo mundo e conhecer pessoas interessantes. E porque eu faria isso, com toda certeza, ela sempre pagou a maior parte das coisas. Incluindo transporte e hospedagem. Esse foi o início das minhas diversas viagens para conhecer a mim mesma, o mundo, indo até curandeiros, gurus, guias espirituais, treinadores para desenvolvimento da personalidade etc. Por meio dessas viagens, foi-me possível conhecer tanto as mais geniais pessoas, quanto as mais loucas. Em algum momento, isso acabou me proporcionando uma visão geral refinada e a capacidade de saber diferenciar exatamente o que é e o que não é bom para mim. Além da necessária experiência de perceber quando uma pessoa, a princípio boa começa a mostrar sua verdadeira face... Isso é muito importante nesse meio espiritual. Minha tia achava que eu tinha de conhecer tudo para poder manter uma visão clara das coisas. Bem, ela pagou isso para mim.

Um de seus motivos para investir em mim era o fato de eu não beber, nem fumar e pertencer ao grupo de pessoas que faz valer a pena o investimento no desenvolvimento pessoal. Ela achava que isso tinha um caráter de bem universal. Embora, certamente, nem todos precisem concordar com isso que estou colocando no papel...

De todo modo, foi desse jeito que minha tia viveu sua própria verdade e eu vivo a minha própria verdade do meu jeito. E é verdade. Comigo aconteceu a mesma coisa que com minha amiga: ser ajudada com uma determinada quantia de dinheiro adicional gerou em mim o sentimento de confiança nas finanças.

É o que sempre digo: eu sempre ganhei tanta coisa, a vida foi sempre tão generosa comigo, então, por que não ser também generosa com as outras pessoas? Quem sabe isso também lhe faça bem? Todavia, algumas vezes não tive discernimento suficiente ao ser generosa. Há muitos anos, deixei de viajar e dei de presente o meu salário de férias, porque julguei que a outra pessoa precisasse mais urgentemente de dinheiro do que eu. Adivinhe o que aconteceu? Eu fiquei quietinha em casa, enquanto exatamente nas mesmas semanas de férias que eu havia programado, essa pessoa viajou de férias com o meu dinheiro, em vez de se preocupar em ir trabalhar para poder pagar suas dívidas.

Coisas semelhantes ainda me aconteceram outras vezes, e eu procuro ponderar para conseguir enxergar com clareza. Um dia, alguém disse bem na minha cara: "Ah, sabe, eu não estou a fim de cuidar disso agora. Além do mais, até hoje foi sempre assim, uma horinha as coisas acabam se ajeitando por si sós". Ou seja, algum burro paga as suas contas.

Em contrapartida, em relação a outras pessoas eu realmente sinto que pelo bem do Todo vale a pena lhes dar suporte. Para o meu bem isso serve sempre, com toda a certeza, porque se há um sentimento positivo ao fazê-lo, é algo prazeroso. E as pessoas que observo pelo lado positivo, jamais me dão, mesmo que minimamente, a impressão de serem invejosas ou mal-intencionadas. Isso é, obviamente, uma questão de caráter. Há mesmo pessoas a quem jamais ocorreria a ideia de nutrirem inveja ou de serem mal-intencionadas em relação ao próximo.

Mais uma vez a regra que vale é a seguinte: Não há uma solução que possa ser apontada como a única correta. Reserve um tempo e procure sentir, bem lá no fundo de si mesmo, qual é a sua própria verdade e em quem e em que você gostaria de investir seu dinheiro ou não. Ou, se não houver outro remédio, para quem você gostaria de dar dinheiro de presente, e o faça logo. Reserve um tempo para observar o que se passa em torno do beneficiado, ou seja, como ele lida com o dinheiro. Desta forma você tem as melhores indicações para saber se é prazeroso ou não dar dinheiro para essa pessoa.

Nunca deixe de procurar sentir as coisas no mais íntimo de si:

- *Como foi da última vez em que dei alguma coisa para essa pessoa?*
- *Eu gostei de dar o dinheiro?*
- *O que ela fez com ele?*
- *Eu gosto de fazer isso?*
- *Presentear dinheiro. Qual o efeito que isso tem em nossa relação?*
- *Na relação com essa pessoa, o que é realmente coerente para mim?*
- *Como me sinto nessa situação?*

A título de exemplo, eu tinha uma sublocatária que de vez em quando não tinha dinheiro para pagar o aluguel do seu quarto. Eu sempre gostei de ajudá-la, porque todas às vezes em que ela voltava a ter dinheiro normalmente, não só me pagava o mês que ficara faltando, assim como me pagava adiantado os próximos três meses. E isso ela fazia com tanta alegria e com tanto orgulho, por poder finalmente saldar suas dívidas, que me deixava alegre também. Eu nunca reclamava, caso ela não pudesse me pagar novamente. E se eu tivesse de dar de presente a ela algum mês livre de aluguel, eu o faria com prazer, pois sentia que sua autoestima era alta para poder, de boa vontade, aceitar meu presente. Além disso, ela era uma pessoa que sempre se preocupava em encontrar seu caminho na vida, e para mim era sempre uma alegria vê-la pondo seus planos em ação, mesmo que, de vez em quando, o resultado não fosse exatamente lucrativo.

Minha verdade era: a ela eu teria dado dinheiro de presente, com todo o prazer. Desta forma, em cada caso, cada um deve redescobrir a sua própria verdade e isso naturalmente implica em dar tempo e espaço para se poder reexaminar detidamente os próprios sentimentos.

ULTRAPASSANDO LIMITES

Muitos, e agora nem estou falando somente de bilionários e milionários, querem fazer coisas novas por perceberem que a vida que levaram até o momento não os satisfaz mais. Por temerem o novo, o que ainda não lhes é visível nem sensível e, sobretudo, por medo do período de transição, eles permanecem apegados ao habitual estado antigo. E isso, por sua vez, custa-lhes tanto tempo e energia que não há mais espaço para o surgimento do novo.

Muitas pessoas se embriagam com a maior diversidade possível de atividades e, como consequência, não encontram a si mesmas no âmago do ser. Naturalmente não é preciso ser milionário para se temer imensamente o vazio interior, porém, na maioria das vezes, isso é muito pior para um milionário. Em sua escala de atividades, não há um declínio, uma redução do dez ao zero, mas sim do mil ao zero, pois é claro que se fica energeticamente muito mais embriagado se por dia se tem de estabelecer contato com cem pessoas em vez de cinco. Ou então, quando se tem dez empresas, vinte cargos de diretoria e quatro ex-mulheres ou ex-maridos, em vez de apenas uma única obrigação em cada caso apontado.

Para o cidadão comum, toda mudança de emprego se constitui em um grande desafio. "Será que vou dar conta?" é o que ele se pergunta. Para um milionário, na maioria dos casos, não há mais a chance de se experimentar a verdadeira qualidade de aventura na mudança de emprego, mas totalmente na direção contrária... Ser livre como um pássaro e não fazer nada – o sonho de todo cidadão comum: "Ah! Se eu pudesse viver só para mim mesmo... Seria perfeito". Mas para muitos milionários que poderiam, tranquilamente, viver livres, essa é a ideia que mais lhes aterroriza: "Mas quem sou eu se não estiver fazendo o que eu faço?". "Quem sou eu – totalmente sem aparecer na TV e nos jornais, sem ir a festas, sem correr o mundo em meu avião, sem ir me encontrar com pessoas 'importantes' e tudo o mais?".

A maior parte da humanidade tende à apatia e, por esse motivo, acovarda-se diante de limites que deveriam ser vencidos, para que possam evoluir, ascender. As pessoas só ficam falando e falando sobre tudo de maravilhoso que poderiam fazer, mas, na maioria das vezes, fazer mesmo que é bom ninguém faz. Eu conheço centenas de pessoas que dizem que, em algum momento, escreverão um livro importantíssimo. Há anos elas dizem a mesma coisa. De vez em quando, pergunto-me se elas estão se referindo a esta vida ou a que está por vir... (se bem que, não é por falta de livros que nós, alemães, viríamos a sofrer, visto que em nosso país, anualmente, há o lançamento de cerca de setenta mil livros, e eu simplesmente não consigo deixar de contribuir).

Nos seminários ministrados por mim, recebo pessoas que gostariam de se autorrealizar, mas não têm coragem. Pessoas que, na vida, adorariam experimentar algo totalmente diferente, mas quando a coisa fica séria, fogem. E ainda outras que gostariam de ir mais além de seu portão, conhecer gente nova, mas, mesmo assim, continuam sentadas no sofá, com uma cerveja na mão e os olhos vidrados na televisão.

Via de regra, esses não são problemas que milionários teriam. Para a ascensão, para a orientação para o alto, não há limites. Contudo, saiba, a sua linha de orientação deve tender para baixo. Vou explicar. Para alguns, a renúncia ao tapete vermelho sob os pés, mesmo que por algumas poucas horas, é capaz de desencadear sintomas de desintoxicação (como quando se priva um adicto da droga) e ataques de pânico. Mas o centésimo hotel de luxo é tão chato quanto o ducentésimo e quanto o trecentésimo. Isso não lhe dá mais aquela "comichão".

Atenção, alarme de "comichão": Por meio das coisas mais simples é que conseguimos voltar a sentir a nós mesmos – se nos aventurarmos em voo solo para baixo.

Eu tenho a impressão de que nós, na qualidade de seres humanos, não somos felizes se não ultrapassarmos determinadas limitações (auto) impostas e se, de vez em quando, não nos atrevermos a fazer coisas que não são tão simples para nós. O cidadão comum, por causa de demissões, falências e afins, muitas vezes, vê-se obrigado a ultrapassar limites. No seu caso, milionário, estando fora desses problemas, é muito raro que a vida lhe obrigue a isso. Simplesmente pense um pouco a respeito, se isso lhe faz bem ou se o prejudica. Até que ponto poderia ser bom voltar a ter contato com o que há além do limite?

Apenas um exemplo a esse respeito: Há seis anos, eu e meu marido estivemos em um *Ashram*, na Índia. Localizava-se numa antiga fábrica de cimento e, em cada quarto havia apenas uma esteira fina; fora isso, apenas um vazio total. Aliás, nós mesmos tínhamos de arrumá-lo. E se quiséssemos ir ao banheiro, tínhamos de levar nosso próprio papel, porque não havia no local. Mas isso não era o pior. O pior é que o papel usado não podia ser jogado no vaso (para não causar entupimento), nem podia ser deixado no banheiro, visto que não havia lixeirinha, pois, naquele calor, isso atrairia toda sorte de insetos. Quer dizer, tínhamos de guardar o papel usado em uma sacola plástica ou algo do gênero. Gente, como eu fiquei feliz quando pude voltar a usar um banheiro com descarga. Eu amei poder fazer isso! Qual foi a última vez que você deu valor ao seu próprio banheiro?

Essa pode ser uma experiência muito legal, ultrapassar tais limites e praticar, por algum tempo, uma determinada privação do luxo. Tudo o que o entedia agora, depois pode ser percebido como simplesmente maravilhoso.

Lista de sugestões de voos solo para baixo

• Faça, diariamente ou semanalmente, trabalhos voluntários num asilo ou hospital à sua escolha. Cuidar de idosos nos traz muito para a terra. Não estou sendo irônica. Além dos cuidados com a higiene, você pode ler histórias verdadeiramente positivas para os idosos. A maioria deles fica superfeliz. E como você acredita que passará a enxergar o mundo depois que terminar a semana de trabalho? Para o programa ser completo, durante a semana (até mesmo muitas semanas, com todo prazer), eu ainda me hospedaria num alojamento para funcionários, e não num hotel de luxo. Quanto mais simples, melhor. Simplesmente para que você possa ver sua vida sob outra perspectiva.
• Se você for muito corajoso, repita esse experimento em diversos Estados, em outros países, em outros continentes. Depois disso, provavelmente você poderá até escrever um livro sobre essa forma exclusiva de se viajar o mundo. Com certeza a tiragem será grande.
• Orfanatos espalhados pelo mundo inteiro, casas-escola para adolescentes, seja na Alemanha, seja em outro lugar, ou então,

algo mais extremo como clínicas especializadas, departamentos de psiquiatria, caso lá seja bem-vinda a ajuda por um curto período. Sem brincadeira, o trabalho voluntário em uma fábrica ou com um grupo de operários também é uma opção interessante. Tudo isso eu já fiz. Só de ouvir as conversas das pessoas, já se aprende um bocado sobre os mais diversos problemas humanos. Ou então, trabalhar numa padaria fazendo pão, às cinco da manhã e depois fazer a entrega. Durante uma semana.

Tudo que passe ao largo da vida à qual você está acostumado e que no fim das contas beire mesmo o anonimato, tudo que não for habitual e que, por um lado, cause-lhe algum desconforto, por outro lado, mostra-lhe perspectivas inteiramente novas e vivifica enormemente o valor que deve ser dado ao que você possui.

• *Viagens xamânicas* com pernoite na selva são tão interessantes quanto os seminários de autoconhecimento. Misture-se às pessoas normais, do povo. E se ali alguém o irritar, abra o capítulo "Transformando o exterior em interior". Ele é muito esclarecedor e vai ajudá-lo a intensificar enormemente a própria percepção das coisas.

• Falando em se misturar às pessoas do povo... Eu sei que é horrível quando, por exemplo, para relaxar, uma celebridade vai à sauna sozinha. Todo mundo fica olhando. Mas quem disse que você precisa ir só? Convide cinco ou dez personalidades ricas ou famosas como você e vá com elas. E se alguém ficar olhando-os, devolvam o olhar, todos juntos. Se der, façam-no com uma energia jocosa, se não der, partam para uma energia vingadora! Ou então, comecem a cantar "Om" em uníssono, e se alguém olhar esquisito, digam que isso agora está totalmente "na moda" no Clube dos Milionários. Isso pode levar à celebração de uma boa festa nessa sauna!

• Ou então, ajude as pessoas que fazem as revistas vendidas

pelos sem-teto, a torná-las mais atraentes, de modo que sua leitura seja mais interessante (suporte para pelo menos uma tiragem inteira ou algo assim).

• Ou, ou, ou, pense você mesmo em alguma coisa. Trabalhar durante uma semana, anonimamente, em uma de suas fábricas; trabalhar durante uma semana no McDonalds; trabalhar durante uma semana em uma fazenda etc.[16]

---

[16] Para quem estiver pronto para a aventura, mais algumas sugestões além de dicas sobre o que está "na moda" em minha homepage (N.A.).

FILHOS, FILHOS

Quando estive de férias na Holanda, fui parar nas mãos de um cabeleireiro de celebridades. Começamos a conversar (como sempre acontece em salões de beleza) e ele me contou uma história surreal. Nos últimos tempos, ele recebeu uma nova cliente, de vinte e um anos de idade, loira do tipo Barbie. Ela trouxe a mãe, que foi a responsável por lhe dar todas as coordenadas de como o corte de cabelo da filha deveria ser feito e a menina ficou uma fera.

Quando ele perguntou à moça se ela não teria idade suficiente para decidir como queria que seu cabelo fosse cortado, ela respondeu que isso não era algo tão simples assim. Toda semana sua mãe colocava rolinhos em seus cabelos, para que eles ficassem iguais aos cabelos da Barbie. E se eles não fossem cortados do tamanho certo, então, não daria mais para fazer o tal penteado que a mãe gostava.

O cabeleireiro não quis acreditar, e tornou a perguntar, se ela não tinha idade suficiente para não se deixar ser tão comandada pela mãe. Ela respondeu que ele não conhecia a mãe dela. Ela seria uma mulher dominante e que tinha metido na cabeça que a filha tem de se parecer com a boneca Barbie para casar com um príncipe à sua altura. A moça disse que essa situação só se reverteria, caso ela rompesse totalmente relações com a mãe e que, para tanto, ela não teria energia psíquica suficiente. A mãe seria uma pessoa sem realizações pessoais, então, pelo menos a vida da filha tinha de ser perfeita. Perfeita, claro, de acordo com a visão da mãe. A esse respeito, não haveria mais nada que ainda pudesse ser feito.

Outro cenário: O filho de um cirurgião plástico de sucesso. Infelizmente, não tão inteligente quanto o pai. Poderia esse filho, já que o que ele tem na cabecinha não é mesmo suficiente, abandonar o *gymnasium*, talvez, frequentar a *realschule* ou, então, fazer um curso profissionalizante?[17]. Não, claro que não. A) com um filho assim não se pode ostentar nada e B) o filhinho não seria mais aceito no próprio meio social. O que se pode fazer então? Contratar um exército de professores particulares para torturar o filhinho ao longo do *gymnasium* até o *abitur* ("exame" final obrigatório para ingresso em universidades) – da mesma forma que ao longo do curso de medicina. Se ele será um bom médico? Não desejo que você caia nas mãos de um médico desses!

Do mesmo modo, também não desejo que você caia nas mãos de um advogado que chegou a cursar Direito em condições semelhantes, com talento zero para o senso de justiça e que só foi esperto o suficiente para decorar a matéria da prova da Ordem dos Advogados, independentemente de ter ou não algum interesse no assunto.

Lidando com tal frustração de maneira diferente

Ludger, de quem mais tarde tomaremos conhecimento em entrevistas, lutou para construir uma empresa sólida e de sucesso e imaginava que seus filhos tivessem herdado seus genes para competência e

---
[17] Na Alemanha: *gymnasium* – curso científico, prerrequisito para carreiras acadêmicas. *Realschule* – escola de ensino médio, cujo certificado não é válido para o ingresso em universidades (N.T.).

tino comercial. Ora, quem poderia estar mais apto a tocar o trabalho de uma vida, do que seus próprios filhos?

A filha, aliás, era muito inteligente, mas, infelizmente, não tinha interesse: "Não, papai, isso não é para mim", era o triste comunicado. A esperança no filho homem se desfez cedo, pois três anos após o ingresso no *gymnasium*, ficou claro que o menino, com suas capacidades práticas, iria se adaptar melhor à *realschule*. Ludger abriu mão de usar medidas para forçar o menino a chegar ao *abitur* e fazer sua vontade e deixou que o filho saísse.

Mesmo após a *realschule*, os interesses do menino eram totalmente distantes dos interesses do pai e, assim, ele seguiu uma carreira completamente diferente.

"É claro que fiquei um tanto frustrado com isso", relembra Ludger. "Ter de abandonar completamente o próprio negócio e não poder repassá-lo aos meus filhos... Fiquei triste durante muito tempo. Contudo, a *posteriori*, muita coisa boa voltou a acontecer. Ou seja, a felicidade de poder ver meus filhos felizes. Meu filho abriu sua própria empresa e faz tudo com muita competência, está tendo muito sucesso – está feliz. Se ele tivesse ficado na minha empresa, teria se tornado alguém totalmente infeliz, mesmo sabendo que, em termos de competência, vendo o que ele faz em sua empresa, ele certamente teria sido capaz de conduzi-la muito bem."

Do mesmo modo, há caso de filhos que têm capacidades completamente diferentes das dos pais e que não teriam qualquer condição de tocar a empresa, mesmo se quisessem. Um caso desses também me foi relatado com muita tristeza. A mãe, que tinha muita facilidade e êxito ao tocar seu negócio, ameaçou deserdar a filha caso ela não seguisse seus passos. Assim que a mãe, pela idade, afastou-se da vida empresarial ativa, a empresa abriu falência. As únicas coisas que sobraram foram uma empresa e uma vida arruinadas. A filha nunca fora capaz de descobrir seus pontos fortes e seus verdadeiros interesses e viveu calada. Talvez tivesse tido sucesso ou sido feliz fazendo alguma outra coisa que tivesse sentido para ela. Infelizmente, não houve tempo para isso.

Por tudo isso, no fim das contas, o que importa é apenas esta questão:

Você quer que seus filhos vivam segundo o que você imagina, quer que eles vivam a vida que você não viveu, quer que eles assumam os seus negócios, independentemente da própria vontade, ou quer que eles levem uma vida feliz?

Só se seus filhos tiverem talento e competência será possível que a conta da sua aposentadoria seja paga com os recursos da empresa que eles dirigiram em seu lugar. A teoria "genes iguais, talentos iguais" tem de ser esquecida. A título de exemplo, os meus talentos e interesses não convergem, de forma alguma, com os da minha irmã. Isso também pode acontecer com você, com seus filhos.

Eu sugiro que todos ouçamos Ludger (meus filhos ainda são crianças, mas eu já registrei essa informação) e que tenhamos confiança de que a felicidade do livre desenvolvimento pessoal que permitimos aos nossos filhos, no fim de tudo, voltará para nós.

Ainda assim, é importante deixar que as crianças, por algum tempo, façam experimentos em todas as esferas da vida, para que elas possam ver e experienciar, pessoalmente, como esse mundo realmente é. Certamente você conhece pessoas que são totalmente convencidas de que a sua visão das coisas é a única verdade, a única possível, a única absoluta e que não têm a mínima noção de como outras pessoas vivem, como a vida é em outros países ou continentes. Isso debilita um pouquinho a criatividade de alguém. Eu penso que permitir que as crianças, uma vez ou outra experienciem diferentes situações de vida, serve para ampliar enormemente seus horizontes.

E isso vale ou pode valer em qualquer direção. Por exemplo, uma amiga minha tem uma sobrinha na Costa Rica. A menina Maria, de dezesseis anos, já havia perdido vários anos na escola, não aprendia nada e não tinha a menor ideia do que fazer da própria vida.

Quando a avó convidou Maria para vir à Alemanha, todos

desconfiaram que assim que a menina visse o padrão de vida que se leva aqui, ela não moveria nem mais um dedo, pois a família de minha amiga é abastada. Mas aconteceu o contrário. Como era de se esperar, ela arregalou os olhos quando viu tanta fartura diante de si. Mas a avó lhe disse: "Filhinha, se você quiser viver assim, então tem de fazer por onde. O tempo que você tem aqui é de exatamente seis meses. Veja o que você vai fazer com ele".

E assim ela fez. Aprendeu alemão tão bem, como se tivesse nascido na Alemanha. Depois, ligou para os parentes na Inglaterra, comunicou-lhes que gostaria de fazer coisas novas em sua vida, deixou que a avó confirmasse o quão bem ela aprendera alemão e fez a mesma coisa, durante os outros seis meses que passou na Inglaterra.

Quando Maria voltou para casa, nas férias de verão, ela recuperou o ano escolar que perdera e passou a ser a melhor aluna da turma. Sempre que tem férias trabalha como garçonete nas melhores cafeterias turísticas e ganha uma impressionante quantia em gorjetas, pois ninguém se comunica com os turistas em alemão e inglês melhor do que ela.

Contudo, admita-se que o caso contrário, não raro, também existe: meninas vindas de países do terceiro mundo para exercerem na Alemanha o trabalho de *au-pair* (babá). É comum elas perderem totalmente a noção das coisas, ao verem a riqueza relativamente grande do país, e por esse motivo começarem a causar transtornos. As babás africanas dos meus filhos, fora alguns poucos lapsos, têm uma ideia clara em suas cabeças a esse respeito, mas o que falta às outras, não é a vontade de se fazer o certo, mas sim, o conhecimento de como é que se faz o certo. Deve-se oferecer um curso às babás para que elas possam aprender a lidar com sua vida na Alemanha e, principalmente, após o período que passam aqui e têm de retornar aos seus países de origem. Só então elas entendem claramente, atravessam sem sobressaltos esse período e, de forma positiva, assumem as rédeas de sua vida. No início, sempre dou de presente às babás alguns livros que julgo preventivos e de grande ajuda. Além de tudo, também converso muito com elas sobre o assunto.

O contrário, ou seja, enviar um adolescente mimado e entediado para trabalhar por uns tempos num país de terceiro mundo, em algum projeto, pode ter um efeito vitalizador e curativo sobre sua vida. Claro que colocá-lo lá, num hotel cinco estrelas não vai ajudar em nada. Pois o que a pessoa deseja é o sentimento de poder contribuir com o Todo. Para quem todas as atividades em seu país parecem não fazer sentido, quem sabe são descobertas possibilidades ilimitadas ao tomar parte em projetos de plantações no deserto e afins. Em vez de dar de mão beijada para o filho ou para a filha uma carteira de motorista e um carro conversível, talvez seja melhor que "negociem" com eles que devem trabalhar por três meses num projeto qualquer, num país do terceiro mundo.

Marcel Brenninkmeijer, um dos donos da C&A, disse, em uma entrevista à revista Spiegel Online:

Na Etiópia ajudamos uma aldeia inteira a ser abastecida com energia solar. Graças a trezentos mil euros, todas as mil e cem cabanas terão luz nos próximos vinte anos. Eu levei meu filho comigo. Essa experiência lhe abriu os olhos: ver a miséria e, ao mesmo tempo, a alegria e a esperança.

REVELAR ESCÂNDALOS OU DEIXAR QUE SE DISSIPEM NA CONSCIÊNCIA DO TODO?

Se o senhor "Otto, consumidor comum", que não confessa nenhuma religião, desejar se casar na igreja para fazer a vontade de sua mulher, é quase certo que ele não terá a mínima chance de conseguir isso. A menos, claro, que ele doe uma nova torre para a igreja. Na Alemanha, em alguns distritos é possível que um doador se case na igreja, mesmo que não pertença a ela. Isso sempre foi assim.

A imprensa e igualmente muitos de seus leitores, adoram a revelação de todo tipo de escândalo e, principalmente, fazer a maior balbúrdia em torno deles. Por vezes, revelam até escândalos que sequer o são. Eu não leio jornais nem assisto ao noticiário televisivo, mas ainda me lembro como, há alguns anos, Ernst Weltecke foi afastado da presidência do Banco Central Alemão, só porque tinha convidado sua família para passar quatro dias em um hotel. Fabricaram um enorme escândalo com esse episódio.

A um só tempo, a mesma imprensa também noticiava que, no mundo bancário, era comum o recebimento de "bônus" em milhões. Ora, o caso Weltecke dizia respeito a um convite que girava em torno de apenas alguns mil euros. Se mesmo com todos os supostos esforços, não foi encontrado nada de errado dentro de todas as acusações possíveis que poderiam fazer a esta pessoa, então, preciso dizer que ele deve ser o homem mais honesto que temos aqui na Alemanha.

Mas na época muitos gritavam pela revelação do verdadeiro escândalo por trás de tudo isso (eu acho que tinha a ver com ouro, mas, nem me perguntem, coisas assim eu ouço e esqueço imediatamente). Com toda a certeza, a conversa não era sobre *Jogo limpo*. Todavia – e eis que muitos vão considerar totalmente errada a minha maneira de pensar, mas direi assim mesmo –, agora temos algo para discutir e sobre o que refletir:

Enquanto ainda estivermos a caminho com nossa comitiva de vingança e quisermos descobrir escândalos para podermos punir os envolvidos, que, por um lado, têm todo o direito de assim serem, justamente para a proteção das pessoas etc., por outro lado, desperdiçamos energia preciosa com a vingança. Nesse caso, deveríamos dizer: "Ah, então foi isso. Ponto final". E: "A partir daqui, como poderíamos dar continuidade de uma maneira melhor?".

De qualquer modo, eu *não sou mesmo a favor* do total esclarecimento de escândalos *em absolutamente todos os casos*, apenas a partir do momento em que temos consciência de que podemos lidar com isso de forma mais sábia. Enquanto travarmos batalhas, também e exatamente, porque temos *taaaanta* razão, investimos energia em luta, em ter direito, punição e vingança. E se temos a plena certeza de que somos "do bem" nesse jogo, por que não fazermos algo de bom, em vez de investir nossa energia em mais negativismo ainda? Há milhares de áreas nas quais é vital e imprescindível contribuirmos com algo construtivo.

Imagine que você tenha problemas digestivos e declare guerra ao seu aparelho intestinal, fazendo uso de diversos medicamentos, laxantes, mudando a alimentação etc. Você está totalmente convencido de, finalmente, estar fazendo o certo. Uma hora você deixa isso tudo de lado. Viaja e, contente, permite-se tudo. Alternadamente, você caminha pelas montanhas, esquia, anda de patins no gelo, nada... Após cinco dias, os problemas digestivos desaparecem. Por quê? Porque antes você havia tratado o sintoma e não a causa (estresse e falta de exercícios). E lutou contra o problema, em vez de fazer alguma coisa para o seu bem-estar físico e para se recuperar.

Neste mundo, vale sempre o seguinte: *enquanto você lutar contra uma determinada situação, você vai depositar sua energia contra o que está lutando. Se, em vez disso, investir sua energia no que positivamente gostaria de alcançar, os outros problemas vão se resolver por si sós.*

Importante é entender que remoer problemas não contribui em nada ou só muito pouco para a solução deles, e só serve para reforçá-los energeticamente. O negativismo fica rodando sempre e sempre em nossa cabeça. A energia chega até a diminuir durante essa "fila de espera" em nossa mente. Conforme já mencionado, Einstein nos fez saber que toda a natureza tende à harmonia. Quer dizer, não se tem obrigatoriamente de resolver cada problema, e sim, muitas vezes, parar de pensar tanto neles. Com isso nós damos à natureza espaço dentro de nós, para que ela se mova novamente em direção à harmonia.

Espiritualmente falando: *Quem investe na energia do Todo, dissipa por si só os sintomas da "separação", e isso, casualmente, sem desperdiçar sua força em combates. Quem inicia combates, cria vencedores e perdedores. Quem sabe reconhecer a "unidade" do bem e do mal, resolve os problemas de "dentro para fora".*

Se todos nós somos UM, e assim nos comportamos e pensamos, então não há mais escândalos. Você não acredita? Então, deixe-me dar mais alguns exemplos:

Quem é que não maldiz o sistema bancário, que só favorece os ricos? Montes e montes de livros são escritos sobre o maléfico sistema bancário.

Isso muda alguma coisa? Não que eu saiba, concorda?

Muhammad Yunus não faz absolutamente nenhum discurso populista *contra* nada, simplesmente faz algo *para* o benefício dos pobres e já ajudou milhões de pessoas.

O posicionamento de Rüdiger Nehberg a respeito da mutilação da genitália feminina no mundo islâmico é conhecido por muitos, caso você não conheça, dê uma olhada: www.target-human-rights.de. Em vez de lutar contra um determinado líder islâmico porque ele permitia a mutilação de meninas pequenas e de mulheres adultas e ainda por cima justificava tamanha atrocidade usando a religião, ele conquistou o líder e inseriu-o em sua causa. Atualmente, combatem juntos a mutilação genital feminina e o líder já declarou a prática como totalmente desvinculada da religião muçulmana. *E de repente, não mais que de repente*, naquele país, passou a valer a invulnerabilidade do corpo... Este é um dos exemplos mais geniais sobre "agir *para* e não *contra* alguma coisa".

"Não se pode permitir que isso aconteça", proclamam ao som de trombetas os que lutam a luta dos justos. Outros, simplesmente partem, iniciam algo novo e deixam que cresça organicamente, até que ninguém mais precise do que é antigo.

Mas não com o intuito de dar uma lição aos outros: "Ah! Agora vocês vão ver só, vocês são supérfluos". É justamente o contrário. Quem sabe se possa levá-los a ter novas ideias a partir de uma imagem pessoal mais positiva, de modo que possam pôr em prática sua força e seu poder de modo diferente – em prol de sua própria alegria e da Unidade de tudo o que existe. A princípio, foi exatamente isso que Rüdiger Nehberg fez no caso da mutilação genital feminina! Ele fez do suposto inimigo um amigo e o trouxe para o seu barco.

Por favor, não me diga que sou ingênua demais para este mundo e que não é assim que a banda toca. Há milhões de lugares nos quais você pode pôr em prática o positivismo pacífico de fazer acontecer. E, em algum momento, esse positivismo poderia crescer tanto que dentro dele poderia também haver lugar para que o antigo negativismo tivesse espaço para reorientação. E sem colocar o dedo em riste para o antigo negativismo: "Ah! Agora até você entrou na dança, não lhe restou mais nada mesmo..."

Cuidado, *sr. Exclusivo*! Tudo é *um* e você é parte dessa *unidade*. Assim, o bumerangue energético volta e lhe acerta a testa! Preocupe-se com a sua contribuição no mundo e deixe de lado a das outras pessoas.

A título de exemplo cito a *Educação Infantil*: quando as crianças começam a gritar e a brigar, não há mudança positiva no "clima", se um adulto gritar também. Fale baixinho, simplesmente sussurre. Os pequenos tiranos são tremendamente curiosos e logo, logo vão querer saber o que você está sussurrando. E, claro, para isso eles também vão precisar ficar quietos. "Ei, segredinho, segredinho, será que vocês sabem falar tão baixinho como eu? Eu acho que só eu sei falar baixinho..." E eles não vão aceitar isso! E começarão a sussurrar... Até que a briga termine num sorriso desconcertado.

Eu queria que pudéssemos nos comportar dessa mesma maneira em relação à nossa política mundial e a todos os seus problemas: *sussurrando e semeando o novo, até que, sem exceção, todos os sintomas da "separação" do Todo, terminasse num sorriso desconcertado*.

Quando nos for totalmente indiferente quem era bom ou mau antigamente, quando ninguém mais se lembrar de quem começou a briga, quando somente interessar quem sabe fazer o quê e não quem não sabe fazer o quê, quando nós nos dermos por satisfeitos apenas com soluções que tenham lugar para que todos sejam felizes e contentes, quando nessas soluções, tanto o ser mais excêntrico, quanto o mais comum dos consumidores normais puderem ter alegria, então poderemos dizer que tivemos êxito, que alcançamos a consciência do Todo.

Sendo assim, encontraríamo-nos em um nível de consciência que nos permitiria resolver os problemas ambientais com muito mais eficiência. Nesse nível há espaço mental livre para problemas aos quais, atualmente, não se imagina nenhuma solução possível. Eu penso em discos voadores ecológicos em vez da centrifugação da gasolina; casas vegetais recicláveis e castelos vegetais abastecidos pela fantástica *energia espacial* e afins. Aliás, na *energia espacial* do castelo Neuschwanstein, por exemplo, eu não gostaria de viver! Andar por ele uma vez me seria o suficiente, pois nessa construção ainda há, com certeza, muito potencial energético a ser purificado...

Impondo limites

Não temos de mostrar, em alto e bom som, a nossa autoridade e impor limites? Certamente que sim. Eu sugiro que ao se "impor limites", se lance mão da já mencionada *Comunicação Não-Violenta*, de Marshall Rosenberg. O tom faz a melodia e também traz o resultado de sua *Operação para Impor Limites!*

Em algum momento me ocorreu que as pessoas são capazes de aceitar bem uma crítica, desde que o sentimento que exista por trás dessa crítica seja atenção, respeito ou até mesmo afeição e amor. Se imponho limites a alguém ou lhe dou um *feedback* crítico e, ao mesmo tempo, o outro se sente amado e aceito, então ele sente (por meio dos neurônios-espelho, linguagem corporal, expressões faciais, tom de voz) que a crítica feita não é nada *contra* ele, é só *para mim* que me parece ser assim e que, acima de tudo, o meu desejo é *unidade* e paz, nunca a guerra e a vingança.

Quase sempre a pessoa criticada faz uma pausa, escuta atentamente e reflete sobre o que ouviu. A mensagem chega até mesmo àquelas pessoas com energia básica agressiva e às nativas do signo do "burro teimoso". De certo que, nesse caso, isso pode até levar alguns dias ou semanas. Mas, em algum momento, elas se reerguem e agitam a bandeira branca da paz.

Experimente fazer a mesma crítica, dizendo as mesmas coisas, só que com o sentimento de medo ou desprezo como pano de fundo: nenhuma palavra chegará até elas! Na maioria das vezes o resultado é a resistência, recalque, guerra e mais aborrecimentos ainda.

Isso é normal. Você reage assim mesmo.

Caso você considere importante a imposição de limites – no

relacionamento amoroso, assim como na educação dos filhos, na relação com parceiros comerciais etc. – então, tome para si a responsabilidade da decisão acerca de que tipo de energia deve ser usada ao impor limites a alguém.

E lembre-se: Tudo é *um*!

A sua atitude de impor limites se deve à lembrança de que há uma Unidade ou ela se constitui numa trincheira mais profunda ainda para a separação do Todo?

Um amigo meu é consultor fiscal e contábil e, antigamente, tinha um colega de trabalho muito instruído e correto, que conhecia todas as leis. Ele gostava de mostrar que tinha profundos conhecimentos em sua área e adorava apontar energicamente a falta de conhecimento dos outros. Sempre que constatava um erro que tinha certeza de não ser seu, ligava para a Secretaria da Fazenda e ridicularizava os funcionários. Acreditava que essa era uma forma de lutar em nome de seus clientes. Ora, Ora.

Esse amigo meu não conhecia as leis tão profundamente assim. Ele via, porém, tanto nos funcionários do governo, quanto nos clientes, um amigo. Quando alguma coisa não saía a contento, ele também ligava para a Secretaria da Fazenda: "Alô, Jorginho, tudo bem contigo? E as crianças? Olha só, me diz uma coisa... Eu tenho aqui um cliente e estou achando algo muito estranho...". Adivinhe quem conseguia as melhores negociações com a Secretaria da Fazenda em nome de seus clientes?

A fórmula mágica é:

"Unidade" para todos os seres humanos, compreensão de ambos os lados, independentemente da posição hierárquica e o propósito de se encontrar uma solução a contento de todos.

Vocês sabem que a coisa funciona assim. Esse ou aquele liga para cento e cinquenta pessoas por dia, fala com cada uma durante um minuto para manter o contato e poder ligar depois quando precisar. Suponho que você, se tivesse tempo suficiente, pudesse ligar até mesmo para mil pessoas. Com toda a certeza, isso não faria o menor sentido. Mas, diga lá, você tem mesmo certeza de que, de mil possibilidades diárias, você liga regularmente para *as* cento e cinquenta pessoas com as quais você pode colocar em prática a sua "visão" de *unidade*? Ou, se elas forem mesmo as pessoas certas, você liga para elas com plena consciência do que está fazendo? Os seus telefonemas são uma inspiração, uma redescoberta da consciência de Unidade ou simplesmente o uso e abuso do contato habitual estabelecido com pessoas em posição hierárquica inferior à sua que o irritam imensamente? Estou só perguntando...

Um último "Sim, mas..."

Existe também a sociedade das pessoas extremamente prejudiciais e contra elas precisamos fazer mesmo alguma coisa! Se ficarmos apenas tomando um chazinho enquanto vemos tudo acontecer, o mundo não tomará jeito. Temos de tirar as armas dessas pessoas!

Há dez anos conheci um homem que me contou que em sua tenra juventude fazia magia negra. Ele estava convencido de que era absolutamente possível se fazer magia negra dentro da consciência de Unidade e que, por essa razão, ela seria boa. Todavia, um dia ele não resistiu e usou a magia negra para realizar um desejo puramente egoico. Logo depois, ficou claro para ele que por conta disso havia caído numa armadilha e, daquele dia em diante, abandonou a magia para sempre.

O que quero dizer com isso: se a sua missão mais profunda for realmente revelar um determinado escândalo, então procure sentir isso em seu coração. Se assim for, no contexto da Unidade do Todo, está tudo certo, essa é a sua verdadeira missão e provavelmente você não fará ninguém correr mais perigo por causa disso. Então está simplesmente tudo certo.

Entretanto, quando nós, por motivos egoicos, revelamos escândalos de acordo com o sentimento de "Olha só, como *eles* são maus. Mas eu sou tão bom, ah!", ou então, quando nos esbaldamos com nossa sede de vingança e agressões recalcadas, isso se torna um bumerangue. Sempre que você combate algo que não corresponde à profunda missão da sua alma, você deposita energia naquilo que você luta contra e, com isso, fortalece-o mais ainda.

Em qualquer tempo você pode experimentar o seguinte com seu marido ou com sua esposa: leve para a briga a postura de combate e tudo ficará pior ainda. Lembre-se da Unidade, imagine, em primeiro plano, a ligação que há entre vocês dois e, certamente, após alguns minutos, estará tudo em paz novamente. Ainda assim, de vez em quando, pode-se usar também, como alternativa a ser testada, a imposição de "limites claros sem qualquer discussão". Deixe que seu coração faça a escolha[18], e não a razão.

Saber vivenciar as coisas devagar... Não é raro que antes de voltar a ter meus pés no chão e enxergar que soluções sempre existem, eu quase "enlouqueci" com determinados problemas. Todavia, quando consigo me lembrar disso a tempo, o resultado é sempre maravilhoso e, definitivamente, muito mais realizador do que toda e qualquer ação executada em meio a uma energia de temor.

---

18 Quem tiver interesse nessa área, pode ler: *Os sete princípios do casamento*, de John M. Gottman (N.A.).

TENHA CORAGEM!

Ao contrário de mim, Dieter trabalha, exclusivamente, há cerca de vinte anos, como *trainer* (treinador) e é dono de um incrível tesouro, em termos de experiência pessoal, ao qual sempre pode recorrer. Você vai gostar de saber como ele começou...

Após a conclusão do curso profissionalizante em carpintaria, ele participou de um treinamento americano sobre sucesso, que tinha como lema: "Você pode, todo mundo pode se tornar um milionário – com *Motor Oil* (óleo para motores de automóvel)!". Dieter pensou: "Sim! Eu posso! Eu vou ser milionário!". Falou isso, pediu demissão de seu trabalho e se tornou mesmo um milionário. Com extrema rapidez, seu volume de negócios *com o chatíssimo Motor Oil* (assim disse, na época, o "milionário em exercício") movimentava incontáveis milhões de francos suíços.

Ocorre que outro "milionário em exercício" apareceu e lhe disse algo diferente: "Ai, ai, ai, tudo é muito difícil. Agora você precisa de um departamento de marketing, prospectos brilhantes e de um balanço geral! E o balanço é muito difícil de fazer, você não vai conseguir, você precisa de mim". E, em idêntica rapidez, Dieter foi à falência.

Isso lhe fez pensar muito: primeiramente ele pensou que tudo fosse muito fácil, e foi mesmo muito fácil. Depois, deixou que alguém o amedrontasse tanto, a ponto de pensar que não seria mesmo capaz de tocar seu negócio – e vejam só, ele não conseguiu mesmo.

Nos últimos vinte anos, ele estabeleceu como meta ensinar às pessoas como se pode chegar à realização de seus objetivos, tanto pessoal como financeiramente e, também, a ouvir apenas a si mesmas, e não a qualquer falastrão que aparece. Além disso, essa também é uma parte muito importante dos seminários ministrados por ele: poder ser ingênuo de forma inteligente! Por falta de tempo e também de disposição, eu raramente ministro seminários, mas Dieter quase sempre participa deles nos sábados à tarde, como convidado-surpresa, contribuindo com seus conhecimentos durante três horas.

Por que reproduzo, aqui e agora, um trecho do *Guest Book* de Dieter? Leia primeiro que depois eu lhe digo.

Do Guest Book da Positiv Factory

Registro do chefe (Dieter):

Esta semana uma cliente extremamente alterada esteve com Wolfi (que divide o escritório comigo). Ela estava muito agressiva, falava praticamente aos berros e contou, com toda emoção, sobre as doenças que tinha, dizendo que todos eram idiotas (principalmente os homens), porque, de uma maneira ou de outra, a tendência na Alemanha é tudo ir mesmo para o buraco etc.

Então ela me lançou um olhar cheio de raiva e eu, por meu turno, sorri amavelmente para ela ("Olá, alma singular, que bom poder sentir você aqui – nesse meio tempo você parece ter se esquecido de tudo..."), o que a deixou com mais raiva ainda. Mas, por trás disso, o que havia era apenas um forte anseio, tão fácil de sentir e tão presente quanto a raiva.

Olhei para ela e perguntei: "Quando você está calma, consegue sentir seu coração e sua alma, ou só consegue sentir a si mesma quando está furiosa?". Com os olhos arregalados – as faces empalideceram (eu olhei dentro dos olhos dela – ali havia algo bastante diferente), ela se acalmou. Olhou-me de novo e perguntou: "Você acha que eu devo fazer o quê?".

"Que acha de uma inteira aceitação do que está se passando no momento? Que acha de, novamente, procurar sentir a si mesma e voltar ao tempo presente? Se voltar ao tempo presente voltará para a vida e, então, não precisará ter medo. Pois a vida é maravilhosa do jeito que é. E você poderá sentir o quão maravilhosa você é também."

Wolfi estava apreciando de longe, com os olhos bem abertos ("Deus, meu Deus, socorro!") e sorriu.

Bem, você sabe como são essas coisas... Essa mulher maravilhosa entrou em seu templo interior (ela tentou mesmo), ouviu algo a respeito de evolução e essência, tomou conhecimento do poder de suas palavras ("Você se ouviu? Ouviu como fala sobre si mesma e sobre sua vida – é isso que você quer?"), ficou perplexa com o fato de isso ser também expressão de seu potencial – e quando foi se despedir de Wolfi, ela lhe disse um muito obrigada, com olhos marejados.

Hoje de manhã, com minha família, degustei uma deliciosa geleia caseira que essa cliente, sorrindo, trouxe-me aqui no Instituto, no dia seguinte à nossa conversa.

"Ei, o que você fez comigo, estou me sentindo tão bem! Obrigada!". Wolfi respondeu: "Viu? Agora você não vai mais nem ter coragem de chegar mal aqui – se começar, ouvirá Dieter." E assim está muito bem.

Foram apenas algumas frases.
Não foi muita coisa.

Foi o que sempre vivenciamos em nossos treinamentos.
Essa pessoa não sabia.
Realmente, não foi muita coisa.
Mas tudo foi verbalizado.
Foi feita menção ao amor – basta a lembrança disso.
Eu o abraço, desejando a você um magnífico fim de semana.
Namastê a todos os que leram e escreveram em meu Guest Book.

Dieter

Essa história verídica poderia ser interessante para você por dois motivos. Ou você é do tipo agressivo que sai gritando, ou é alguém como Dieter, que realmente tem o equilíbrio para fazer com que as pessoas alteradas se lembrem de sua essência verdadeira. O problema de alguns *"esotéricos-preguiçosos"* é que eles podem ouvir a mesma coisa cem vezes que não mudarão nada. Eu suponho que na esfera da Unidade do Todo, de alguma forma, isso deva ser válido.

Todavia, milionários são apenas seres humanos e podem ser tão coléricos quanto qualquer um. Entretanto, uma coisa eu sempre percebo: se uma pessoa, com clareza e força interior, percebe e compreende algo como verdade (a maioria dos milionários tem essa capacidade, pelo menos aqueles que não foram à falência após um ano), ela não fica à toa, andando por aí, por muito tempo; ela não ouve cem vezes a mesma coisa, ela parte para a ação e muda o que tem de ser mudado.

Quem sabe você não gostaria de se levantar e "ir pegar a geleia caseira de alguém" – caso, nessa história, algo o tenha tocado. Ou então, queira levantar-se para relembrar as pessoas da existência de seu verdadeiro potencial, conforme Dieter o faz, com tanto prazer. Algo assim faz com que alguém se reintegre à Unidade: quando, de repente, sente-se novamente o elo que une as pessoas e o nível das relações humanas. Em momentos como esse, você é capaz de sentir tudo, menos tédio, isso é certo.

Tenha coragem! Lance mão de sua força e de sua clareza!

Caso você deseje conhecer Dieter, eis um pequeno aviso: ele não é nada para fãs de gravata. Veja em *Seminários*, no meu site www.bmakademie.de.

Os dele, os meus, os nossos seminários são apenas uma gotinha num oceano de ofertas. Mas tenho plena certeza de que, se você estiver em busca de algo, no lugar em que você estiver, exatamente ali, encontrará o que lhe é apropriado.

O que fazer se seu rosto é conhecido por todos e você não tem coragem de frequentar nenhum seminário, em nenhum lugar?

A esse respeito, eu só poderia lhe fazer lembrar da citação de Hildegard von Bingen, anteriormente mencionada no capítulo "Encontre a si mesmo que o resto se encontra por si só".

Enquanto o homem não encontrar a si mesmo nos olhos e no coração de seu semelhante, ele estará em fuga. Enquanto ele não permitir que seu semelhante compartilhe do mais íntimo de si, não haverá proteção. Enquanto o homem temer ser vasculhado em seu interior, ele não poderá conhecer, nem a si mesmo nem aos outros. Ele será sozinho. Tudo está ligado a tudo.

TRANSFORMANDO O EXTERIOR EM INTERIOR

Há alguns meses me enviaram um relato a respeito de um certo dr. Ihaleakala Hew Len, que seria capaz de curar pessoas por meio de uma técnica havaiana chamada *Ho'oponopono*. Ele teria curado pessoas com severas doenças mentais e, em parte, até mesmo pacientes psiquiátricos criminosos, sem sequer tê-los visto. Segundo o relato, o doutor lia os relatos dos pacientes e, então, sentia o que lia no mais íntimo de si, como se ele mesmo tivesse gerado cada problema. E, assim, curava a parte que, dentro dele, era responsável por isso. Isso soa muito estranho, mas nós experimentamos a técnica em nosso círculo de amizades e é maravilhosa. Maiores detalhes mais adiante.

O dr. Len acredita que temos inteira responsabilidade acerca de tudo o que existe. Tudo o que percebemos e de que não gostamos, precisa ser curado por nós. Isso vale para atentados terroristas, política e situação econômica, assim como para o comportamento de nossos parentes mais próximos e de nossos conhecidos. Todas essas coisas não existem realmente, são apenas projeções do nosso interior. *Por tudo isso, o problema não está no outro, mas sim em nós mesmos.* Porque o mundo inteiro é nossa própria criação! Tudo o que aparece no meu mundo é minha própria criação, senão, não apareceria no mundo que é meu.

Sendo assim, eu escrevo este livro para mim mesma, porque, na verdade, você nem sequer existe. Se você não conseguir entender o que eu escrevo, isso significa simplesmente que a parte em mim que não entende, deseja ser curada para poder entender.

Assim que tomei conhecimento desse relato, procurei experimentar a técnica com alguns amigos. Demos início desconfiados, olhamo-nos intensamente, a fim de descobrir quem seria apenas uma projeção de quem. Discorremos sobre assuntos e sobre pessoas com as quais tínhamos problemas. E então, fizemos algo um pouquinho diferente do que no relato sobre *Ho'oponopono*.

O dr. Len afirma que ele pensou exclusivamente em duas coisas, quando curou os pacientes psiquiátricos: "Eu sinto muito" e "Eu te amo". Nada mais que isso. Dessa maneira todos os pacientes, aos poucos, tiveram alta.

Nós testamos e achamos sensacional. Ao discorrer sobre os mais diversos temas, na maioria deles descobrimos que a causa, dentro de nós mesmos, seria o sentimento de estar apartado, separado, desligado do Todo, além do medo de alguma coisa. E isso nas mais diversas variações.

"Eu sinto muito" e "Eu te amo" fizeram com que todos nós sentíssemos uma maravilhosa, libertadora, harmonizadora e solucionadora energia. Nos casos mais difíceis, foi necessário que pensássemos e sentíssemos a frase "Eu te amo", como se ela estivesse em negrito "Eu te amo de todo o coração, com toda a força, com todo o meu ser" e, assim, sentimentos mais complicados também se dissipavam.

Para nós uma coisa era certa: não importava o que se passava no mundo lá fora, era uma experiência maravilhosa procurar pelo sentimento dentro de cada um. *Se fôssemos esse determinado sentimento, com o que o teríamos gerado e por quê?* – e, posteriormente, curar esse sentimento. Isso é capaz de deixar qualquer um perplexo. Em nosso grupo, jorravam sentimentos de alegria, de aceitação, de amor, de *unidade*, de profunda felicidade e muitos outros. À medida que procurávamos as partes dentro de nós mesmos que eram responsáveis pelos problemas e as curávamos, a nossa percepção da felicidade ficava muito mais apurada e nosso coração parecia se expandir até o infinito. Com toda certeza esse exercício vale a pena, pois ele deixa feliz quem o pratica, desde que seja feito com o coração. Como sempre, *a prática faz o mestre.*

Essa técnica também acaba completamente com problemas como manipulação e intervenção no livre-arbítrio das pessoas. Eu jamais curo a outra pessoa, ela pode e deve fazer o que quiser. Procuro em mim, se eu fosse *esse problema*, com o que eu o *teria* causado e, então, curo, em mim, a parte em questão.

Eu transformo o mundo à medida que eu mesmo me transformo. Cure a si mesmo e o mundo será curado. Essas declarações eu já conhecia há muito tempo, embora, até o momento, não soubesse quais seriam as táticas concretas para efetivamente chegar a elas. Agora eu tenho uma ferramenta e tanto.

Talvez você queira experimentar a técnica e, da mesma forma, lidar com invejosos, mal-intencionados, ciumentos e chatos de todas as espécies. Se você fosse o chato, por que seria chato? Que sentimento esse problema iria lhe causar? Cure isso dentro de você usando "Eu sinto muito" e "Eu te amo". No mínimo você ficará mais tranquilo, e no máximo isso acabará atingindo o outro e ele, a partir desse momento, encerrará essa história de ter inveja de você e vai se decidir por não ficar mais tão ressentido – por causa da excelente energia que fluir de você para o mundo.

Se você agora acredita – e isso não seria surpreendente – que isso tudo não passa de uma bela história que nada tem a ver com a realidade, então, só há um remédio: experimente e decida se a técnica tem ou não algum valor para *você.*

ENTREVISTAS COM MILIONÁRIOS FELIZES

Abordei quatro prósperos integrantes do nosso público-alvo para me contarem um pouco sobre seus segredos acerca da riqueza interior, e obtive lindas e interessantes respostas. Começarei pela única dama entrevistada, e, depois, seguem as respostas de mais três cavalheiros.

Louise: oitenta anos de idade, mais bem-disposta que nunca

Conheci Louise Hay em Londres, na ocasião da festa de comemoração dos vinte anos de existência de sua editora, a Hay House Publishing. Nos Estados Unidos, a editora possui um volume anual de negócios que movimenta cerca de setenta milhões de dólares, publicando, unicamente, livros sobre espiritualidade ou sobre vida saudável.

A primeira coisa que quis saber foi se ela considerava esses milhões como um peso, como muitos milionários que, até o momento, havia entrevistado. Ela disse que não, pois não acreditava que o problema estivesse no dinheiro. Isso seria apenas e tão somente um hábito das pessoas de se lamentarem permanentemente. E por que haveriam de modificar esses hábitos, só por que têm dinheiro?!

Além disso, ela jamais teve o dinheiro como objetivo. Sua motivação foi sempre ajudar as pessoas: leitores, escritores, funcionários, todos. Depois disso, ela chegou a um ponto em que não conseguiu mais evitar nem impedir o fluxo de dinheiro. O dinheiro quer chegar até àqueles que servem ao Todo. Esta é a sua impressão a respeito da energia do dinheiro.

Todavia, ela não acha que o dinheiro seja importante, mas algo muito confortável. E adora conforto. A primeira coisa que notou quando nos encontramos foi que, apesar de eu ter me vestido de forma chique, eu estava usando superconfortáveis sapatos rasteiros. "Eles parecem ser muito confortáveis", disse ela, e me mostrou seus pés. Ela havia feito o mesmo. *Produzida*, porém, com sapatos superconfortáveis! Ela é adepta da saúde holística e não suporta usar sapatos de salto alto em eventos durante os quais só se fica em pé o tempo todo.

"Coisas materiais não trazem felicidade verdadeiramente. Eu prefiro passear por um lindo jardim, do que comprar um vestido novo", diz. E parece que seus funcionários sabem disso, pois na ocasião de seu aniversário de oitenta anos, eles a presentearam com uma rosa, que recebeu seu nome.

Instada a respeito da inveja e de indivíduos aproveitadores, ela disse que jamais vira alguém assim. Ou ela não tinha mesmo percepção para essas coisas, ou então, simplesmente não atraía esse tipo de gente. Do mesmo modo, concorrência seria algo que não existe para ela, pois considera que todos sejamos seres singulares e, mesmo que todos resolvessem fazer a mesma coisa, o resultado jamais seria igual – devido à nossa singularidade. Por esse motivo, nunca houve concorrência nem motivo para temê-la.

Meus agradecimentos, de coração, pelas sábias palavras, Louise.

Ludger: um lobista rumo a novos horizontes

O pai de Ludger sempre lhe disse: "Rapaz, quando você fizer sessenta anos tem de sair da empresa, pois mais tarde você já não pode deixar mais nada".

Ludger levou a sério esse aviso e, ao completar sessenta anos, saiu da empresa, para a surpresa de todos ao seu redor: "Você não pode fazer isso. Isso é perigoso! Sendo engajado como você é atualmente, se reduzir suas atividades a zero, sua energia também decrescerá! O corpo vai ficar pensando que ele não tem mais utilidade, vai minando, minando e, em dois anos, você estará morto, ouça o que estou dizendo". Isto lhe foi dito por um amigo de seu pai.

É, as perspectivas eram geniais... Contudo, após algumas reflexões do amigo, segui-se o diálogo:

– Você conseguiu alcançar na vida todas as metas que estabeleceu para si mesmo? – perguntou o amigo.

– Na verdade já alcancei sim, por quê? – respondeu Ludger.

– Isso é ruim, porque agora você não tem mais objetivos. Talvez tenha chegado a hora de você retribuir...

Foi perfeito! Até o momento ele não havia pensado nisso. Ele sempre trabalhou para si mesmo e para atingir suas metas. O que exatamente o amigo quis dizer com retribuição? Como fazer? Em benefício de quem?

– Ora, você sempre foi lobista. Você sabe fazer isso muito bem. Continue fazendo. Com toda a certeza há pessoas ao seu redor que não têm *lobby*, mas que precisam muito de um, então faça isso por elas – continuou o amigo.

Ludger foi para a casa com centenas de pensamentos. O que lhe foi dito o tocou tanto, a ponto de não lhe sair mais da cabeça. Mas em benefício de quem deveria atuar como lobista? Ele não fazia a mínima ideia.

Pouco tempo depois, uma mãe solteira foi ao seu escritório (do ramo de seguros), que estava prestes a ser fechado, e lamentou muito o fato de que seu filho, mesmo enviando currículos para todos os lugares, nunca havia recebido uma resposta para contratação. No dia seguinte, outro jovem desempregado também esteve com ele e contou a mesma coisa, que enviava currículos em vão.

Ludger é um homem de atitude e ficou imediatamente claro para ele quem estaria realmente precisando de *lobby*. Rapidamente se pôs a caminho, junto com um jovem interessado em aprender mecânica de automóveis, rumo à oficina de um amigo seu.

– Olha só, estou com um rapaz aqui que gostaria de ser mecânico. Você está precisando de alguém?.

– Ah! – foi a resposta em tom meio alterado.

O dono da oficina foi para trás de sua escrivaninha e voltou com uma montanha de envelopes, colocando-a na frente de Ludger.

– Isso aqui nos dá nos nervos! – disse ele. – Diariamente recebemos uma enxurrada de currículos permanentemente. Eu não tenho tempo de ler tudo. Quando é que eu poderia ter tempo?! Eu simplesmente as entrego, sem ler, para a minha secretária e peço que ela redija uma carta simpática para devolvê-los a todos os remetentes.

Ludger entendeu – aliás, entendeu ambos os lados.

– Eu o entendo – disse ele –, mas eu também entendo os jovens. O que será deles se só recebem respostas negativas, uma após a outra, e acreditam que não têm mesmo a mínima chance de conseguir trabalho? Não é de se estranhar que a criminalidade, o alcoolismo e o vício em drogas sejam comuns atualmente.

– Sim, tem razão, mas o que podemos fazer?

– Vou lhe dar uma sugestão. Eu escolho os jovens candidatos a aprendiz, você nem precisa pôr os olhos nos currículos. Em troca, em vez de contratar só um, você contrata dois. Tudo bem?

O dono da oficina assentiu com a cabeça e logo pegou o rapaz que já estava lá para fazer um teste prático.

Ludger se pôs a caminho em busca de pessoas que teriam interesse em apadrinhar jovens que não conseguem vaga para aprender uma profissão, a fim de ajudá-los a encontrar o trabalho mais adequado para eles. Encontrar pessoas dispostas a ajudar não seria problema. Havia muita gente engajada socialmente que, por uma boa causa, dariam tudo de si. Todavia, em termos de infraestrutura, haveria muito mais trabalho pela frente do que se poderia supor.

– Mas não tem problema – disse-me Ludger. – Felizmente meu amigo me disse aquela frase: "Você não acha que já é chegada a hora de retribuir?". Eu vejo como essa atividade me inspira e me mantém jovem. Não sobra tempo para eu me "enferrujar" e, sobretudo, tenho a ótima sensação de estar fazendo algo pleno de sentido.

O que Ludger mais gosta em sua nova vida é que ele não faz nada obrigado. Enquanto o dinheiro era a meta de seu trabalho, quase nunca uma conversa poderia se dar de forma leve e totalmente desinteressada. Todas as coisas estavam sempre em submissão completa a compulsões.

Ele diz: "Eu simplesmente amo o sentimento que tenho ao encontrar pessoas sem que nenhum de nós queira vender alguma coisa um ou para o outro. Essa é uma nova forma de riqueza, ser independente de qualquer compulsão e simplesmente poder curtir a vida. Não preciso mais mostrar nada para ninguém, posso ser como e quem verdadeiramente sou, posso falar com quem e quando eu quiser. O quanto alguém ganha, o que alguém tem ou deixa de ter passou a ser totalmente desinteressante. Isso tem um "quê" de libertação. Quando me movo fora do meu antigo mundo e saio por aí usando camiseta e calça jeans, então sou apenas mais um na multidão, e isso me faz um bem enorme".

No caminho de Santiago de Compostela, Ludger conheceu sua atual namorada, sentia-se alegre por saber que a moça não fazia a mínima ideia de sua ocupação profissional, muito menos do volume de sua conta bancária.

Ludger: "Antigamente, eu mesmo dava um jeito de destruir meus relacionamentos amorosos. Eu sempre pensava: *Ludger, você não é lá essas coisas, essas mulheres não querem nada contigo.* E com essa desconfiança, somada à minha insegurança, eu, de propósito, acabava com o relacionamento. Isso é como cometer suicídio por medo da morte. Não faz o mínimo sentido. Atualmente, tudo é muito diferente. Eu me sinto muito melhor comigo mesmo – melhor dizendo, eu consigo *me* sentir. Antigamente, isso nem entrava em questão. Desde que o dinheiro se tornou sem importância, relacionamentos amorosos e amigos passaram a ser preciosos. Eu não tenho mais problemas em poder ser quem verdadeiramente sou, sendo assim, não há a mínima chance de que o antigo problema reapareça".

Para fechar seu relato, ele diz o seguinte: "Eu ainda tenho de lhe contar algo muito engraçado. Na verdade, eu sempre tive uma queda por carros elegantes. Quando percebi que os problemas eletrônicos que estavam acontecendo com meu novo modelo simplesmente não dariam trégua, devolvi-o à concessionária. Agora estou rodando com uma lata velha. Só lhe digo uma coisa – estou me divertindo com isso porque tem algo pessoal, individual... Algo assim um carro novo jamais poderia me proporcionar. É uma experiência realmente interessante. Eu logo me lembrei da passagem no início desse livro (A doença dos milionários). Quando li, tive de rir de mim mesmo. O seu jeito de não se levar tão a sério quando escreve me estimulou a fazer o mesmo".

Giovanni: Dinheiro é um efeito e não uma causa!

Para mim, a entrevista com Giovanni Curto não só foi muito proveitosa, como também foi um de prazer gastronômico sem igual, além de me receber em sua casa, ele ainda cozinhou, para a minha alegria e de meus filhos. Com isso só confirmou o que acabara de me dizer, pouco antes de servir a sobremesa:

"Ter muito dinheiro só é ideal se eu for saudável, se tiver personalidade forte e, sobretudo, se aspirar a ter sucesso holístico. Se a mente, o corpo e o espírito estiverem uniformemente bem, então, automaticamente, mantenho meus pés no chão. Quem se desliga disso por causa de seu saldo bancário, revela que tem personalidade fraca."

Giovanni já ganha muito dinheiro há bastante tempo e orientou seus filhos, desde pequenos, assim: "Jamais se preocupem com dinheiro! Façam o que lhes dá energia e que expresse quem vocês verdadeiramente são. Sendo assim, o dinheiro vem de qualquer maneira". Ou dizendo: "Vocês não devem correr atrás do dinheiro! Deixem que ele vá ao encontro de vocês! Dinheiro é um efeito e não uma causa!".

Por último, eu quis que ele explicasse isso mais detidamente. Giovanni: "Sempre fazem confusão com isso. Dinheiro não é a causa dos problemas, mas sim por causa dos problemas, falta o dinheiro. E na maioria das vezes o problema reside na postura interior de cada um. Dar muita atenção aos problemas resulta no reforço dos mesmos; não lhes dar qualquer atenção, resulta em libertação. Normalmente dispensamos mais atenção às coisas que *não* queremos – e, com isso, invariavelmente, reforçamos o que não queremos. Seja falta de dinheiro, problemas no casamento, não importa. Se, no momento, encontro-me numa 'Roda de Hamster' para humanos, não adianta nada duplicar a velocidade e continuar andando na direção errada. O efeito indesejável não desaparecerá assim".

Humm... E isso também vale para a dívida pública? Giovanni acha que sim e me deu de presente o livro *Pai rico, pai pobre*, de Robert Kiyosaki. Quando o autor era criança, ele tinha um pai rico e um pai pobre. O pai pobre era o seu próprio pai e o pai rico era o pai de seu melhor amigo, que o tratava como se fosse outro filho. Ambos os pais procuraram esclarecê-lo sobre como lidar com dinheiro de maneira sensata. O conselho do pai pobre foi: "Estude, seja bom aluno, tire boas notas e tenha uma formação profissional abrangente". Ele havia posto em prática esse conselho, mas continuou pobre.

O pai rico abandonou a escola aos oito anos de idade e o aconselhou: "As escolas existem para formar bons empregados, mas não empregadores. O que você precisa é de um QI financeiro e de coragem para seguir seus interesses e paixões e expressá-los por meio de seu trabalho. Jamais trabalhe apenas por dinheiro". Tanto ele, quanto ambos os filhos, tornaram-se muito ricos por terem seguido esse conselho.

A respeito da dívida pública, Kiyosaki diz o seguinte: "Nossa imensa dívida pública se deve, em grande parte, aos nossos eruditos políticos e funcionários do governo que sem formação em economia ou tendo apenas um limitado conhecimento no que diz respeito a dinheiro, tomam decisões relativas a finanças".

Eu devorei o livro de uma só vez, e achei muito interessante. O autor também diz: "Se vocês se tornarem ricos, sem ter aprendido a lidar com seus medos e ansiedades, não serão nada além de meros escravos bem pagos". Com isso, ele chega a uma conclusão muito semelhante à de Giovanni que, abrindo seu discurso, disse que ter muito dinheiro só é ideal, caso a pessoa seja centrada e, ao mesmo tempo, tenha personalidade forte.

Por esse motivo, Giovanni trabalha paralelamente com *Coaching*, a fim de ajudar pessoas (dentre elas, muitos milionários) que gostariam de trabalhar sua própria felicidade e sucesso holístico e de fortalecer sua personalidade. Também nesse campo, ele tem uma forma muito individual de lidar com seus clientes. "A quem desejar vir até mim para aconselhamento, eu recomendo a leitura prévia dos três volumes do livro *Jenseits des regenbogens* (Muito Além do Arco-Íris), de Thorsten Volmer/Hubert von Brunn. As pessoas devem trabalhar nessa leitura e se depois tiverem alguma questão, podem vir a mim para *Coaching*, que as atendo com todo o prazer. Mas, sem essa leitura, não atendo a ninguém."

Quem procurar Giovanni para aconselhamento, com certeza, estará em boas mãos. Ele só gosta de trabalhar seis meses por ano, os outros seis meses são para seu "uso pessoal". Isso significa que ele, claramente, não é um viciado em trabalho e pertence a uma minoria, e isso não é nada comum dentre os milionários que se fizeram sozinhos.

Eu lhe perguntei como ele se sentia em relação a pessoas invejosas. "Ah! É aquele mesmo assunto sobre o qual já falamos: dar atenção só reforça. Claro que existem pessoas invejosas, mas elas não me interessam. Eu nem me dou conta delas. Caso uma ainda me apareça para me contar que alguém anda falando mal de mim, por meu turno, sempre pediria que ela passasse isso tudo pelo filtro do amor:

contar-me isso traz alguma vantagem para mim ou para você? Na maioria das vezes, esse assunto encerramos assim."

Instado a respeito de ovelhas negras ao seu redor, ele disse: "Também não penso muito sobre isso, pois seu eu ficar pensando sempre em ovelhas negras, elas vão se multiplicar e, no fim das contas, sem perceber, sou eu que vou acabar virando ovelha negra. O mesmo acontece no caso dos invejosos. Se falar muito sobre eles, acabo virando um".

Nesse particular, Giovanni me contou que teria aprendido muito com Harald Wessbecher e que sempre pergunta a si mesmo: "O que me dá energia? O que me rouba energia? e também "Quem me dá energia? Quem me rouba energia?".

As pessoas e as atividades que lhe roubam energia, simplesmente não podem ter nada a ver com seu mais alto potencial, ou seja, ele prefere abrir mão delas logo do que ficar matutando longamente a seu respeito. Segundo ele, essas pessoas estariam mais protegidas lá, bem longe, num lugar para onde tragam energia em vez de roubarem-na. Essa visão o teria ajudado muito e seus diretores muito se beneficiaram dela. Cursos de extensão em gestão empresarial, segundo a abordagem holística para os sócios, é a ideia fundamental e, por que não dizer, um elemento essencial na empresa.

Ele acrescenta que pessoas que nos trazem aborrecimentos apenas refletiriam assuntos mal resolvidos em nosso interior. Ele se lembra de, por uns tempos, ter se aborrecido terrivelmente com um homem que – ao que lhe parecia – só sabia dizer "não", sempre. Todavia, quando ele refletiu sobre a pergunta "O que ele tem que eu não tenho?", logo tudo se esclareceu. Esse homem tinha a capacidade de dizer "não", clara e sonoramente, sem titubear, quando não queria alguma coisa. Giovanni teve de aprender isso na época. Quando ele reconheceu o "espelho" e passou a se exercitar em seus próprios "nãos", o outro se tornou um bom amigo e os aborrecimentos simplesmente desapareceram.

Assim, passamos ao tema subsequente: Giovanni me contou que já havia emprestado meio milhão de euros a um conhecido e que teria recebido pouquíssimo dinheiro de volta. Mas, em algum momento, ele aprendeu a dizer não. Conforme já mencionado brevemente neste livro, alguns capítulos atrás, ele também aprendeu que se um pescador ganhar peixes de presente todos os dias, jamais aprenderá a pescar. Por esse motivo ele ensina as pessoas como pescarem sozinhas! E faz com que as pessoas sejam mais livres e independentes, com que a segurança em si mesmas cresça.

    Ele me contou sobre um colega que perguntou a um mendigo se ele já havia pensado em como poderia ser útil para outras pessoas. Por exemplo, ele poderia ajudar mulheres idosas, carregando suas pesadas sacolas de compras até suas casas. Tais reflexões poderiam contribuir muito mais para tirá-lo da situação em que se encontrava, do que lhe dar um euro de esmola.

    Todavia, desde o ocorrido, Giovanni, assim como muitos de seus colegas, é adepto da "doação de montante único", em vez de emprestar grandes quantias que jamais serão devolvidas integralmente. "Dá até para se ficar atordoado com a rapidez do 'vaivém' de pessoas que, nem bem foram embora, já voltam para dizer que estão novamente 'zeradas' e precisam de mais dinheiro. Contudo, em algum momento, elas precisam aprender a pescar sozinhas. O mesmo vale para os filhos. Se eu não deixo que se responsabilizem por nada, eles se tornam fracos e dependentes. Prefiro permitir que eles cometam erros, para que assim tornem-se mais fortes e vivenciem o seguinte: *Eu sei fazer sozinho!*".

    Por último, pedi que ele nos desse algumas dicas de como se pode ser feliz com muito dinheiro.

    Giovanni: "Em meus seminários, peço que as pessoas façam *uma lista com as trinta coisas* de que mais gostam. Quase sempre os adultos se assustam com isso e só relaxam quando digo que não estamos na escola e que eles podem "colar do colega". As crianças não têm nenhum problema com isso. Crianças criativas, cheias de vida, fazem listas com, no mínimo, cem coisas. No âmbito familiar, é muito legal se poder comparar as listas, para encontrar os pontos em comum e poder conversar, integrar o maior número possível de pontos comuns ao dia a dia familiar. Este é um processo muito divertido e faz com que as pessoas fiquem mais centradas".

Giovanni acredita no sucesso holístico que para ele significa:

- ser inteiramente saudável;
- ter uma personalidade forte;
- transmitir amor;
- e ter bastante dinheiro.

Benno: você ainda seria capaz de sorrir e irradiar felicidade se o seu dinheiro acabasse?

Há trinta anos, Benno Scheyer começou sua carreira como policial e "pobre coitado" (como ele diz atualmente). Após cinco anos, paralelamente a essa profissão, ele deu início a um negócio. Não muito tempo depois, abriu doze empresas espalhadas pela Alemanha com quatro mil e quinhentos funcionários e, ao fim dos doze, quinze anos subsequentes, ganhou tanto dinheiro que pôde realizar o sonho de sua vida àquela época, ao comprar um antigo SPA e transformá-lo em um centro de convenções para assuntos espirituais que, atualmente, foi repassado ao seu filho, enquanto ele está em busca de novos horizontes.

Em sua vida, Benno passou pela experiência de que *a ajuda altruísta dispensada aos outros para que progridam como pessoas, no fim das contas, é mais rentável do que qualquer estratégia de venda!*

Com isso, ele está em plena consonância com a obra de Wallace Wattles, anteriormente citada, *A ciência de ficar rico*: "Gere para todos a possibilidade de se tornar rico com criatividade, dê mais do que recebe e, automaticamente, será sempre rico".

Se bem que a questão que sempre teve importância para Benno é o que vem a ser o dinheiro na verdade e o que está relacionado a ele. "O dinheiro é um instrumento de poder, e vinculo a ele medo e preocupação? Ou ele é simplesmente uma energia que flui livremente e que se encontra à minha disposição para que eu possa experienciar a mim mesmo e ser capaz de me reconhecer?"

Somente a pessoa mentalmente independente do dinheiro é realmente independente financeiramente. Quer dizer, quando não se precisa dele e se confia plenamente na própria capacidade, sempre é possível se conseguir o que se deseja.

"Você ainda seria capaz de sorrir e irradiar felicidade se o seu dinheiro acabasse?", é o que ele, recorrentemente, pergunta a si mesmo e aos outros.

Muitas pessoas dão um valor adicional ao dinheiro que, em si, o dinheiro sequer possui. E aí a coisa fica difícil. Perguntado sobre o assunto "inveja", Benno diz que nós mesmos determinamos quantos invejosos nós "temos" e que isso depende inteiramente da forma como nos conduzimos:

"Se alguém usa o dinheiro como um manto de sua personalidade e se apresenta desta maneira, isso significa que essa pessoa não sabe de seu verdadeiro valor. Ela dá ao dinheiro o valor que ela mesma não descobriu em si. Isso tem um efeito agressivo, de provocação, e desencadeia muita inveja.

Se alguém se apresenta apenas como pessoa, sem usar o "manto do dinheiro"; se alguém irradia bem-estar, prosperidade, independentemente da volumosa conta bancária, essa pessoa não terá inimigos, mas admiradores. Ela passa a ser um exemplo a ser seguido".

Outra questão muito importante para ele é: "Que influências eu quero ter com meu dinheiro?". Dinheiro confere poder à pessoa. O poder de se aprontar mil coisas erradas, o poder de ter poder, mas também o poder de ajudar os outros a organizarem a vida de maneira que a torne plena de sentido.

Embora ele afirme que dinheiro para auxiliar o desenvolvimento de alguém, na verdade, não presta qualquer ajuda. Ele acredita muito mais no investimento de dinheiro que visa à mudança na consciência das pessoas, para o bem do indivíduo e do Todo. A título de exemplo, Benno cita a proprietária da *Bodyshop*, uma cadeia de lojas de cosméticos. Essa empresa faz uso somente de substâncias naturais na composição de seus produtos, e investe na formação de seus fabricantes nos países de terceiro mundo, de modo que eles venham a se tornar autônomos e saibam lidar, de forma sensata, com seus rendimentos.

Benno acrescenta: "Com o conhecimento de como se instala encanamento hidráulico, ajuda-se muito mais um país pobre do que, por exemplo, simplesmente lhe dando dinheiro, sem dar quaisquer informações às pessoas sobre como se trabalha com isso".

Ele ainda citou como mais um exemplo uma madeireira que derruba, sim, árvores na Amazônia, mas com a consciência de que são derrubadas somente aquelas de que se precisa menos na natureza e ainda com reflorestamento em todas as áreas de onde a madeira foi extraída. Por bastante tempo os concorrentes faziam piada disso. Atualmente, muitos deles foram à falência, enquanto a madeireira que pensa holisticamente, tem um volume de vendas e retorno financeiros cada vez maiores.

Uma reflexão interessante pode ser feita a partir do pensamento: *Do que o ser humano precisa?*. Para viver, ele precisa de relativamente pouca coisa, mas antes de sua vida terrena, o homem já decidiu do que ele precisa, pois o que ele tem, seja muita coisa, sejam coisas demais ou talvez até mesmo nada, é exatamente do que ele precisa para poder fazer suas descobertas e passar por experiências, de forma inteiramente pessoal.

Uma riqueza muito grande também pode levar à conscientização de que se trata de uma mera ferramenta para fazer com que as pessoas saibam reconhecer que riqueza material não se leva para o céu. Não se pode levá-la para o Além, então, por que considerá-la tão importante?

Perguntando a Benno sobre suas horas de trabalho, ele me disse que trabalha, no máximo, entre seis e oito horas por dia. "Menos é mais". Ele diz que não é verdade que se tem de trabalhar quinze horas por dia para se poder ganhar bem. Em casos assim, é de muita ajuda observar mais a si mesmo, "desconfiar" de si mesmo, se não está havendo uma identificação intensa demais com o trabalho, se não se está querendo, com isso, compensar a falta de amor próprio com um volume maior de trabalho.

"Desconfie de si mesmo e se pergunte o que está fazendo. Mesmo assim, seja amável para consigo mesmo e se pergunte sempre que puder: Na verdade, por que estou fazendo isso? Para quê, onde quero chegar, o que quero conseguir com isso?. Somente se você puder ser sempre seu próprio observador, você terá uma chance de sair da 'Roda de Hamster', pois, somente da perspectiva de observador, ficará claro para você que quem construiu a 'Roda de Hamster' foi você mesmo."

ENERGIZAÇÃO INDIVIDUAL COM THOMAZ GREEN MORTON NO BRASIL

Vou dizer logo: essa viagem, em 2006, foi a mais insólita que eu, até então, já havia feito na vida. Por certo que, ressalvadas as devidas proporções, já havia vivenciado muitas coisas semelhantes, mas definitivamente Thomaz é o ápice.

E este capítulo é uma espécie de preparação para o último capítulo do livro. Além disso, ele é muito minucioso, porque também desejo dividir com o leitor o sentimento que tenho pelo assunto e pela experiência vivida, em vez de me ater somente à transmissão de informações práticas. Portanto, sugiro que os dois capítulos que se seguem sejam lidos posteriormente, caso você tenha um tempinho para ir passear e refletir sobre que significado isso tudo tem para você e para a sua vida – ou se não tem significado algum. *Não acredite em nada do que digo, mas sinta bem lá no fundo de seu coração o que faz sentido para você. E isso, na maioria das vezes, funciona muito bem, se optarmos por fazê-lo em meio à natureza.*

Conheci Thomaz em um evento, na Alemanha, chamado *Frankfurter Ring*. O evento não foi exatamente o que se esperava! Foi muito caro e, por conta disso, os espectadores esperavam:

• Uma palestra profissional (só quem estava disposto a ouvir as entrelinhas foi capaz de assimilar coisas interessantes).
• Uma série de demonstrações de grandiosos fenômenos (ele sequer pensou – atentem para o fato! – que duzentos euros por cada garfo e faca já entortados é um pouco demais).
• Uma energia forte e intensa, facilmente percebida (pelo menos isso eu senti).

Thomaz contou como tudo começou (um raio de energia o acertou, quando ele tinha doze anos de idade e, daí em diante, ele passou a ter extremas capacidades paranormais), dirigiu uma mentalização assistida, mostrou-nos seu mais novo bicho de pelúcia e fez que com que diferentes perfumes pingassem de seus dedos. Da plateia, sentia-se o cheiro, mas não se podia ver exatamente e isso, obviamente, decepcionou muita gente. Sem falar no fato de que, no evento, Thomaz não seguia uma linha exata para orientação do público e o seu jeito *não convencional* de ser foi para muitos difícil de digerir.

Suponho que eu tenha sido uma das poucas pessoas que, firmemente, não se deixou assustar. Em primeiro lugar, porque tenho muita experiência com gurus e médiuns, por causa das muitas visitas que fiz a pessoas incomuns em minhas viagens pelo mundo e também por conta do aroma dos perfumes que me lembrou imediatamente os perfumes que Bala Sai Baba, em Hyderabad, na Índia, (não o famoso Sathya Sai Baba, em Puttaparthi) igualmente materializava a partir de matéria sutil.

Em 2001, em Hyderabad, frequentemente me sentava na minha cama e me punha a escrever sobre minhas experiências num fichário velho de guerra, sempre à mão. Enquanto fazia isso, desejava receber um sinal de quando o Guru apareceria para a audiência (o que sempre acontecia sem qualquer previsão). E, de fato, muitas vezes, senti seu perfume forte entrando pelas minhas narinas, como se ele tivesse passado em frente à porta do meu quarto. E quando eu resolvia descer, no exato momento, ele também saía de seus aposentos.

E nada mais que eu conheça tem esse aroma. Os perfumes são penetrantes, muito florais, totalmente naturais. Percebe-se imediatamente que não possuem nenhum tipo de substância artificial. Eles me convenceram muito, ainda mais porque as notas se modificavam rapidamente.

Em segundo lugar, o tipo de energia de Thomaz me pareceu familiar. Não raro, extremas capacidades paranormais se manifestam em pessoas donas de uma personalidade infantil, indômita, imprevisível e, sobretudo, inconveniente. Thomaz fala em minúcias sobre "assuntos de banheiro" por exemplo e sobre "lábios vaginais que estalam". Quando faz isso, só mesmo os durões não se levantam para ir embora. Só eles chegam a desfrutar da experiência energética. Quanto às outras pessoas, bem, elas mesmas se excluem.

Nós – eu e meus amigos que foram comigo ao evento – encontramos alguns participantes que já tinham estado no Brasil para uma sessão de energização individual com Thomaz. O que eles nos apresentaram foi mais uma contribuição para o nosso convencimento.

E então, o mais rapidamente possível, empenhei-me para conseguir marcar uma sessão com Thomaz no Brasil. Isso exigiu perseverança. Contudo, precisamos mesmo aprender a viver com um pouquinho de incerteza, saber que aguardar em vão, por dias e dias, também pode acontecer. *Vai dar para ser ou não vai? Para que cidade devo viajar? Qual é exatamente o aeroporto? Sem saber isso, não posso comprar minha passagem de avião!* Acreditem, até hoje eu não tenho o endereço da casa de Thomaz, onde se dá a energização etc. Ligar para ele no Brasil? Infelizmente, no meu caso, não consegui fazer contato!

Muitas pessoas se desanimam com esse tipo de situação, e tudo é mesmo muito incomum. Além do mais, na época, tinha-se de pagar oito mil euros por uma sessão de energização individual (duas vezes, cada uma durando algumas horas) e o "preço afugentador" continua aumentando, e a procura também.

Mas como eu não desisto facilmente, se não desse certo e eu tivesse de cancelar meu voo novamente eu viajaria em outra oportunidade. Tão facilmente ele não se livraria de mim...

Primeira energização

Cheguei ao Brasil às cinco da manhã e um táxi veio me buscar no aeroporto. Os dois dias que se seguiram, passei num hotel em Pouso Alegre, uma pequena cidade a duzentos quilômetros de São Paulo. Christine, que organiza as coisas de Thomaz, traduz e, além de tudo, ainda é sua esposa, veio me pegar no segundo dia, pouco antes das cinco da tarde, para a primeira energização. Ela me disse que organizar isso tudo é sempre muito difícil para ela, e que não pode marcar uma data certa com as pessoas, porque não se sabe nunca o que vai acontecer com Thomaz.

Assim, aliás, ela anunciou como as coisas são e a sessão de energização foi das cinco da tarde até a meia-noite. O que ele fez, de fato, foi uma mentalização de uma hora, que se deu a partir das 18h30 (esse é o seu estilo de relaxamento dirigido), posteriormente, uma energização e um relaxamento para finalizar e, então, lá pelas 24 horas tínhamos terminado.

Isso foi parecido com o que experienciei com Bala Sai Baba, na Índia. Não se pode ter qualquer expectativa, temos de aceitar o que vem, do jeito que vem.

Mesmo assim, algumas coisas foram interessantes logo no primeiro dia: quando eu estava esperando no terraço da casa de Thomaz, vi que, em frente, no alto de uma colina, algumas chamas apareciam e desapareciam rapidamente. Quando Thomaz ou Christine vinham para o terraço, não se via mais nada. Quando voltavam para dentro da casa, as chamas reapareciam muito altas. No fim das contas, Christine se lembrou de que, de vez em quando, os bombeiros praticam alguns exercícios lá no alto da colina.

Estou contando isso porque, durante a energização com Thomaz, vi, diante de meu rosto, uma chama semelhante. Por apenas alguns segundos tudo ficou extremamente claro e eu tive de fechar bem os olhos porque senti que isso me ofuscava a visão. Fechar bem os olhos não adiantou nada, tudo continuou claro do mesmo jeito. Era como se fosse uma grande chama, intensa e alaranjada, sem qualquer temperatura, apesar de estar diretamente diante de meu rosto.

Quando eu quis saber que luz era aquela, Thomaz disse que não havia visto nada, e só quis saber que cor a luz tinha e como era. Primeiramente pensei que ele estivesse de brincadeira comigo, pois eu estava certa de que ele tivesse provocado essa chama com alguma coisa. Mas, realmente, ele não viu absolutamente nada.

Os céticos de plantão quiseram saber se eu havia tomado alguma droga. Não, eu não tomei nenhuma droga. Em toda a minha vida nunca usei drogas e nesse dia também não. Nos dois dias que passei no hotel, almocei tarde e só fui comer, novamente, quando voltei da energização. No primeiro dia, bebi água da torneira e nada mais pesado do que isso.

Thomaz considerou como sendo um bom sinal eu ter visto essa luz alaranjada e me mostrou uma foto em que se via uma luz parecida entre suas mãos. Totalmente concentrado, ele havia pedido para que a energia se manifestasse e um fotógrafo fotografou somente as suas mãos, entre as quais se podia ver uma espécie de fogo forte. Ele disse que utilizava essa energia para energizar as pessoas, mas que nem sempre a via. Ele apenas a sentia e achara bom que eu a tivesse visto. Segundo ele, eu havia estado em ressonância com ela.

Além disso, massageou a minha testa durante a energização, e, depois de um bom tempo, percebi que ao continuar a massagem, uma umidade se formou debaixo de seu dedo polegar, exalando um perfume forte. A umidade partiu do meio de seu polegar e lentamente foi aumentando. O melhor foi quando ele, com os dois dedos indicadores, pelo lado de fora, pressionou a base de meu nariz e o perfume pingou *dentro* do meu nariz!

Um segundo mais tarde, a nota do perfume se modificou completamente: do cheiro de *bálsamo de tigre* e menta a um adocicado perfume feminino. Uma semana depois, e já de volta à Alemanha, esse perfume continuou nos meus cabelos, mesmo após três lavagens. Deitado em nossa cama, Manfred, meu marido, disse-me por dias seguidos que eu ainda estava "cheirando a Guru", porque esse perfume também o fazia lembrar-se do perfume no *Ashram* de Bala Sai Baba.

Esses foram os meus primeiros pequenos fenômenos pessoais do primeiro dia de energização, no qual tudo transcorreu de modo suave. Senti a energia como sendo intensamente fortificante e também centralizadora. Tudo me parecia como se eu estivesse faminta e tivesse recebido alimento fortificante. Por tudo isso, meu corpo, logo depois, pareceu-me estar mais forte e com mais energia.

Após a energização, Thomaz e sua esposa me levaram de carro para o hotel e lá, no restaurante, pedimos uma sopa. Porque eu não havia comido nem bebido nada desde o jantar, eu estava faminta e sedenta. Em nossa mesa havia uma vela grossa e oca, com uma velinha de *réchaud* dentro. Thomaz a achou branca demais. Aí ele derramou caldo de beterraba dentro da vela até que ela emanasse uma luz vermelha. O garçom olhou com certo desagrado, como se já estivesse acostumado a ter aborrecimentos com esse cliente habitual.

Depois disso, eu tinha de pegar três pacotinhos de açúcar, porque Thomaz queria energizá-los para eu usar no dia seguinte. Quando lhe disse que não como açúcar, ele replicou dizendo que não havia problema nenhum. Ele iria transformar o açúcar em chá de hortelã energizado e perguntou-me se isso seria do meu agrado. Christine disse que ele o faria realmente. Fiquei curiosa.

Segunda energização

O segundo dia com Thomaz foi totalmente tumultuado e aconteceu o maior prodígio que, até o momento, já havia visto na vida. Mais detalhes em seguida. Antes disso, como sempre, preciso dizer que é melhor que os céticos não embarquem nesta viagem. A impressão que tenho é que o médium Thomaz e a energia em si, são como um par formado por sapatos diferentes. E isso eu também confirmo pela experiência com outras pessoas de grande força mediúnica.

Bala Sai Baba, nesse aspecto, pareceu-me familiar. Lá no *Ashram* – como sabe a maioria de meus amigos – eu pensei que não usaria um "horroroso anel materializado" por ele, a menos que fosse fino, delicado, e não grosseiro como quase todos os outros que já havia visto. Se além disso a pedra do anel ainda fosse verde e ele coubesse em meu dedo anular, tudo bem. Dois dias depois, Bala Sai Baba materializou um anel exatamente assim para mim e sem me perguntar, colocou o anel em meu dedo anular, e ele coube perfeitamente. Quando perguntaram ao Guru, como ele poderia ter uma ideia dessas, ele simplesmente deu de ombros. Ideias assim tem o "Deus dentro dele", e não ele.

Esse, claro, era um tema polêmico na Índia: Bala Sai Baba se vê como a própria reencarnação de Deus e só podemos nos dirigir a ele na terceira pessoa. Jamais na segunda pessoa, pois ele é, sim, Deus em pessoa. Coisas da Índia.

Para nós, europeus, Thomaz Green Morton é muito mais fácil de digerir. Ele se vê como uma pessoa comum, estabelece contatos humanos normais e podemos falar com ele sem qualquer cerimônia. Algo assim, no *Ashram*, na Índia, seria considerado uma terrível ofensa[19].

De todo modo, a energia flui – mas, a impressão que tenho, no caso dos dois, que mais parecem crianças sem limites e indomáveis, é que a energia simplesmente "ocorre". Encher a paciência de Thomaz,

---

19 Havendo interesse, dê uma olhada no romance *Der skeptiker und der guru* (O Cético e o Guru), a respeito de minhas experiências em quatro *Ashrams* diferentes (N.A.).

dizendo que ele deveria manifestar isso ou aquilo, é algo que nem adianta tentar. Se a energia coopera, é aquela loucura, mas se ela não coopera, não se pode xingar Thomaz, pois não é ele que decide isso! Ou seja, colocar nota sobre nota, oito mil euros sobre a mesa e dizer: "Vamos lá, faz aí, isso é bastante caro!", é algo que se deve esquecer completamente. Pois quem é o responsável pela energia? A mente universal. Como se pode querer pagar a ela? Não dá.

Os oito mil euros são pagos para que ele coloque seu tempo e a si mesmo à disposição do interessado. Portanto, se a energia vai ser boa e se fenômenos acontecerão, cada um tem sua parcela de responsabilidade. Pelo menos, é essa a impressão que eu tenho. E eu gostaria de dividi-la com vocês, antes que despenquem para lá! Aliás, não é este o motivo de ter escrito este capítulo. Espero apenas conseguir transmitir minha experiência, da maneira mais lúdica possível, de modo que, sobretudo, perceba-se a mensagem por trás disso: a mente está para além matéria e, na verdade, tudo é *um* e, nesse Universo, tudo está ligado a tudo.

E do momento que alguém, supostamente, seja demasiadamente apegado ao mundo material e à riqueza material, então, Thomaz e as experiências com ele são capazes de levá-lo, rapidamente, a uma nova consciência. Alguns milionários têm dúvidas sobre a existência de algo além da matéria. Minha esperança é de que este relato os inspire a *relativizarem um pouco a ideia que têm da matéria e da riqueza material* e se interessem mais pela riqueza interior. Se tudo vive, inclusive a matéria, o que acontece? Se eu me ligo a tudo o que existe e uma intensa troca se estabelece, o que acontece? E se o que vale para mim são apenas os sentimentos que tenho quando espio para dentro e não mais as cifras da minha riqueza material e os contatos "importantes" que tenho no mundo exterior, o que acontece?

A propósito, antigamente, Thomaz era muito mais selvagem e desenfreado. Quando aparecia algum cliente com um ego inflado demais, fazendo exigências demais, ele simplesmente empurrava o sujeito na piscina de sua casa e ponto final. Para isso se viaja meio mundo de avião.

Lembro-me que uma vez, em 2001, fiz perguntas em pensamento a Bala Sai Baba, e ele me respondeu, tanto em sonoras palavras, quanto por meio de atitudes. Entretanto, mesmo que eu nada dissesse, embora entusiasmada e agradecida, em meu íntimo, ele mesmo, o *homem* Bala Sai Baba, em seu corpo humano, devolvia-me um olhar deslumbrado. Ele não sabia disso, que seu comentário ou sua atitude continham exatamente uma resposta para mim. Isso se deve à energia que se manifesta por meio dele, mas que muitas vezes também tem um efeito paralelo em seu ego.

Só se consegue deixar que a energia se manifeste por meio de si mesmo, quando se é como uma criança pequena, indomável e inconveniente. Do contrário, muita coisa não seria dita nem feita, porque elas parecem ser incompreensíveis, por exemplo, quando não se sabe que um dos presentes pediu exatamente por isso em pensamento. Um ego vigilante e controlador *"se dá mal"* nessa hora. Em contrapartida, uma criança brincalhona, surfa na onda da energia, faz o que aparece e não pensa mais nisso.

Mas falemos finalmente sobre a segunda energização. Cheguei mais ou menos às 19 horas e, desta vez, começamos logo com uma mentalização no terraço de Thomaz. Ele tinha alguns pufes muito confortáveis, sobre os quais pudemos nos aconchegar, enquanto olhávamos as estrelas (eu, ele e Christine) e Thomaz dirigia a mentalização.

O texto da mentalização é muito longo e muitas vezes é possível perder-se em pensamento. Mas eu estava fortemente determinada a aproveitar o máximo de tudo e, tão intensamente quanto possível, armazenar cada palavra em minhas células, de modo que estivesse preparada para receber sua energia em mais alta dose. Ou seja, eu estive altamente concentrada o tempo inteiro.

Na parte da mentalização que dizia que em pensamento deveríamos visualizar nossos parentes e amigos doentes mais saudáveis do que nunca, eu visualizei, entre outras coisas, um enorme e protuberante sinal de nascença do meu filho, que agora não passava de uma leve manchinha marrom em sua pele. Eu havia marcado médico para extrair a mancha, na semana em que voltasse à Alemanha, porque a mancha já estava da grossura de um dedo e o incomodava bastante.

Quando cheguei em casa, tive mesmo a maior surpresa: o sinal de nascença fez exatamente o que eu havia visualizado em pensamento. Ele ainda existe, mas é só uma leve e fina mancha amarronzada. O resto regrediu. Eu quase me assustei, embora estivesse muito feliz. Com isso, ficou claro para mim que eu realmente continuei subestimando a força dessa mentalização, só por causa do "peculiar" jeito de ser do Thomaz.

Breves, interessantes caminhos alternativos

Eu havia levado um presentinho para Thomaz e o entreguei a ele logo no início. Era a tradução, em português, que mandei fazer, exclusivamente para ele do meu livro infantil *Mama, wer ist Gott?*[20] (Mamãe, Quem é Deus?), impresso em minha casa. Ele leu imediatamente e adorou o livro, à sua típica, infantil, vigorosa e patentemente ingênua maneira de ser. Ele me disse que a filosofia da história seria a mesma daquela de sua mentalização.

Ele me contou como gostava dos castelos da Alemanha e que adoraria ter um. Castelos eu também amo e, "só por acaso", antes de viajar comprei para mim, no aeroporto, um *mousepad* com o castelo Linderhof. Então tive a impressão de tê-lo comprado para Thomaz e dei de presente a ele, na ocasião da segunda energização. Ele também não só olhou este presente como também estudou cada detalhe por cerca de dez minutos, deixando-me alegre. Essa capacidade de se manter concentrado aqui e agora eu realmente achei admirável.

Foi uma honra eu, depois disso, ter visto a sua coleção de bichos de pelúcia. Ela é impressionante. Ele coleciona todo tipo de bicho e boneca que se mexa ou cante. Um cachorrinho com chapéu de chuva canta I'm Singing In The Rain, outro dança salsa e grita Arriba, um pato dança músicas da Oktoberfest etc.

---
20 Publicado pela Hans-Nietsch Editora (N.A.).

Em se tratando de tolices, podem contar sempre com minha participação. Assim sendo, não muito tempo depois, já estávamos juntos, sentados no chão, pegando todos os bichos para brincar. Foi um caos maravilhoso e eu achei todos simplesmente o máximo.

Naquele momento, sequer passou pela minha cabeça quando é que a "importante energização" começaria. Para mim é muito claro que mesmo na vida normal, calculismo não cabe, é errado, ainda mais num lugar como aquele. Ou seja, por razões de calculismo, prefiro logo deixar o calculismo fora disso.

Moedas saltitantes

E valeu a pena. Com o melhor humor possível e muito animados, demos continuidade e nos sentamos à mesa, na antessala da sala de energização. Eu deveria pegar quinze moedas e segurá-las no centro de minhas mãos. Thomaz se concentrou e, em pensamento, enviou energia às minhas mãos. De repente começou. Primeiramente, o ambiente pareceu ficar mais pesado, parecia haver um leve tremor. Em seguida, as moedas pareciam ter ganhado vida. Elas se movimentavam em minhas mãos. Escorregavam para lá e para cá, davam voltas em minhas mãos. Parecia-me que elas estavam tão carregadas de energia, que simplesmente não podiam ficar paradas. Por vezes, até ficavam em pé em minhas mãos. Era como se tivessem vida e, assim, começassem a brincar, como tudo o que acontece ao redor de Thomaz.

As moedas saltitavam em minhas mãos. Permanecemos assim o tempo necessário, até que eu pude desfrutar completamente do estranho sentimento de ter essas moedas se movimentando em minhas mãos. Aí ele disse que era para eu mentalizar que uma moeda se dobrava ao meio e que a outra assumia uma forma ondulada, assim como as do pingente que, alguns minutos antes, ele havia me dado de presente.

Mal ele acabou de falar – *upa!* – uma moeda dobrada pulou. Ali não houve nada dessa história de se dobrar lentamente. Dobrar-se foi, simplesmente, seu movimento subsequente. Pulou, dobrou, pronto acabou. Então, partimos para as outras moedas que estavam em minhas mãos e, de fato, lá estava uma que já havia assumido a forma ondulada.

Bem, agora eu deveria tomar nas mãos apenas essas duas moedas e ele disse que, em pensamento, deveria ajudá-lo a reenergizá-las. Elas ainda teriam de se fundir, por essa razão, a moeda dobrada deveria se juntar tão fortemente à ondulada, de modo que as duas se unissem também muito fortemente. Isso demorou um pouquinho, mas foi impressionante como eu pude perceber, imediatamente, quando a energia, novamente, intensificava-se. Ambas as moedas foram "reanimadas" e se movimentavam, ora indo uma de encontro à outra, ora uma girando em torno da outra. Do mesmo jeito que anteriormente e sem que Thomaz tivesse encostado em mim.

Visto que as moedas não paravam de saltitar, Thomaz então as juntou na mão, colocando uma sobre outra, e pediu a Deus para uni-las. Algo assim tem mesmo de ser visto. *Foi uma coisa impressionante e me causou o sentimento mais incrível de toda a viagem.* Eu vi as duas moedas na minha mão e senti como a que estava em cima "engatou" na de baixo e esta simplesmente "colou" na de cima. Pude sentir que força foi a pressão que a moeda fez. Parecia que era uma força de várias toneladas. A moeda de cima fez tanta pressão, ao mesmo tempo em que assumia uma forma, que ao bater na moeda debaixo, simplesmente acabou com sua forma ondulada. Totalmente plana, ela simplesmente "colou" na outra, era como se a força tivesse sido tão intensa que a moeda debaixo parecia ter sido soldada à de cima. Por ter visto e sentido cada movimento, aquilo me tirou a respiração! Depois, quando suspendi as moedas, confirmei que elas estavam poderosamente coladas.

Mas isso não foi tudo. Thomaz enviou mais energia ao meu pingente já pronto e, agora, eu deveria mentalizar que a energia seria magnética para que, assim, eu pudesse suspender algumas moedas que estavam sobre a mesa. Claro que eu adorei o exercício. Poder sentir mais ainda a força dessa energia e poder brincar com isso foi o máximo!

Deu muito certo e com meu pingente ainda pude suspender mais oito moedas. Todavia, quando eu não conseguia segurar o riso, tudo desmoronava e Thomaz brigava, eu tinha de me concentrar.

Ele pegou minha câmera fotográfica e fez inúmeras fotos das minhas tentativas de suspender as moedas, só com a força da mente e da energia.

Thomaz, agitado, dava gritinhos como uma criança: "Olha só o que você está conseguindo fazer, eu nem estou mais concentrado nas moedas, estou aqui futucando a sua câmera, é você quem está fazendo sozinha! Eu pensei que estaria de bom tamanho se você conseguisse suspender duas ou três moedas, mas, olha o que está fazendo, são oito moedas, oito! Espera, espera, deixe-me ajeitar o foco...". As palavras "espera, espera" tiveram sobre mim um efeito imediato de "pressão para melhorar a performance" e, então, as moedas caíram. Mas foi tão legal! Mentalizei novamente essa força e Thomaz mandou mais uma "carga" de energia e, então, formamos mais alguns cordões de moedas para novas fotos.

Ele disse que eu teria de praticar. Mas eu sinceramente duvidei que seria possível conseguir fazer tudo novamente sem a ajuda de Thomaz. Por outro lado, eu sei que "O que você acredita é verdade".

Outros fenômenos

Thomaz, então, foi me mostrar como se entortam colheres e garfos. Não é a pessoa que entorta, mas sim o poder da mente. Simplesmente se segura a colher entre os dedos, girando pelo cabo e se mentaliza o seguinte: "Quero que a colher dê voltas, voltas e mais voltas". Tirei fotos – em diferentes estágios do processo. A primeira volta se deu entre seus dedos, na parte inferior do cabo da colher, o resto permaneceu reto. Mas após dois movimentos giratórios, a parte superior do cabo da colher (a junção à concha) se dobrou completamente. Então, ele pegou mais uma colher, girou-a novamente, com a outra mão, enviou energia para ela e gritou: "Rá! Outra forma, por favor". Desta vez, com apenas uma rodada, essa colher assumiu uma forma completamente diferente da anterior. Fotografei tudo avidamente e trouxe para a Alemanha todas essas coisas que foram produzidas diante de meus olhos.

A propósito, ele simplesmente só segurou um garfo entre dois dedos e, após muitos gritos de "Rá!", este envergou sozinho e, partido em dois pedaços, caiu sobre a mesa. Thomaz não havia feito qualquer movimento com a mão, nem uma vez.

Em algum momento, terminamos o show de moedas, colheres e garfos. Agora era a hora do perfume. No dia anterior, eu já havia percebido que o perfume partia do centro de seu polegar, como se ele transpirasse perfume. Eu tive permissão para examinar suas mãos e seus dedos. Ambas as mãos estavam completamente secas antes de ele começar. Ele, por sua vez, enviou energia para suas próprias mãos e eu pude ver como as primeiras gotículas porejaram nas pontas de seus dedos. Com muita rapidez, a quantidade de perfume aumentou, logo, a palma da mão inteira estava cheia de perfume, e o cheiro era muito forte! Quando a quantidade ficou maior ainda, Thomaz pegou um frasquinho de perfume para encher com o líquido. Em um determinado momento, houve um esguicho de perfume, outras vezes, apenas um gotejamento.

Eu observava tudo tão de perto, que podia ver como o líquido simplesmente se formava em seus dedos e palmas das mãos. Ele sempre virava as mãos para me mostrar que não havia nada escondido, o que era completamente desnecessário, pois eu via com meus próprios olhos como o líquido emanava dos poros, em lugares que, anteriormente, estavam totalmente secos.

Também tirei muitas fotos disso. Infelizmente, Thomaz não gosta que se filme. Mas, como lembrança, as fotos já são bastante impressionantes, pelo menos para mim.

Bolas de luz, esferas de energia

Depois que já havíamos feito bastantes proezas, finalmente,

fomos para a sala de energização. Deitei-me no tatame e ele apagou todas as luzes, deixando que apenas um único feixe de luz entrasse, de modo que pudéssemos ver, apenas palidamente, as nossas silhuetas. O que aconteceu em seguida foi outra coisa deslumbrante. Para informação dos céticos, digo que, mais uma vez, não havia bebido nem comido coisa alguma lá.

No dia anterior, eu havia visto, diante de meu rosto, aquela luz alaranjada, que Thomaz não viu. Ele só vira que isso seria um bom sinal e que eu, naquele dia, com certeza, haveria de perceber a luz mais intensamente ainda. E, realmente, ele não exagerou dizendo isso!

Ocorre que, dessa vez, ele quis começar, colocando os dedos sobre meu terceiro olho, quando uma enorme luz vermelha-dourada já havia aparecido, diante de meu rosto, como que numa explosão. Ambos gritamos de susto e Thomaz deu um pulo para trás, pois, daquela vez, ele também havia visto a luz e ficara muito surpreso. Ambos, completamente admirados, relatamos o que cada um de nós havia visto. Estou certa de que Thomaz vê isso acontecer sempre, mas ele é assim mesmo, capaz de pular e ficar contente mesmo presenciando o ocorrido pela milionésima vez.

Thomaz disse que vira uma espécie de coluna de fogo, bem grande, entrando no meu corpo. "Espere, vamos tentar outra coisa", disse ele (nós nos comunicávamos numa mistura de inglês, português e alemão). Ele se deitou ao meu lado no tatame, segurou firme a minha mão, elevando minha outra mão ao céu e disse: "Deus, desta vez eu tenho, aqui, uma visitante especial, um anjo, uma nova amiga. Se for possível, mande luz para ela, mostre-lhe mais uma de suas luzes..." (Todas as pessoas que o visitam são especiais para ele, que tem um jeito muito amável).

Então ele gritou entusiasmado: "Rá!!! Você viu?". Não, infelizmente não havia visto nada. Disse a ele que ambas as luzes que vira, no dia anterior e nesse dia, eu só havia percebido com os olhos fechados. Fechei meus olhos e ele quis tentar novamente. "Urra!", agora foi a minha vez de gritar entusiasmada também. Dessa vez eu vislumbrei, com os olhos fechados, uma grande e colorida bola de luz brilhar acima da cabeça de Thomaz.

Ele não se deu por satisfeito. Em primeiro lugar, combinamos que gritaríamos "Rá" assim que víssemos uma luz, para que, desse modo, pudéssemos logo saber que o outro havia visto a mesma luz e, em segundo lugar, ele quis que eu, desta vez, mantivesse meus olhos abertos. Eu teria apenas de me concentrar mais, pois tinha de dar certo também com olhos abertos. Eu dei o melhor de mim. Mentalizei que cada célula de meu corpo estaria envolvida no processo, que meu coração estaria inteiramente aberto e que, para o meu inteiro bem, só o que houvesse de melhor poderia acontecer e então, internamente, pedi à luz que eu também pudesse vê-la com olhos bem abertos.

E, de fato, deu certo desta vez. Com olhos bem abertos, ambos vimos brilhar uma enorme bola de luz azul e branca. Eu quase escorreguei do tatame de tanta felicidade e Thomaz ficou maravilhado com a forte energia. Ficamos loucos de tanta alegria e assim permanecemos, durante um bom tempo. Como duas crianças brincando contentes com as divinas e universais bolas de luz, cada hora um de nós agradecia pelo aparecimento da luz e ambos pedíamos por mais uma manifestação do gênero.

Num determinado momento, Thomaz pediu por uma luz para os meus filhos. E prontamente lá estava uma grande bola de luz cor-de-rosa. Essas bolas eram um pouco maiores que as típicas bolas para ginástica e apareciam a cerca de meio metro, um metro no máximo, acima de nossa cabeça. E, todas às vezes, contávamos o que havíamos visto e comparávamos as cores. Quando percebíamos que raios de luz emanavam, ambos víamos sempre a mesma coisa, sem divergências.

Então ele quis experimentar uma variante. Eu deveria manter minhas mãos levantadas para o alto enquanto ele pedia a Deus e à força universal para que enviassem sua luz, diretamente para minhas mãos, e até isso deu certo! Em plena escuridão pude ver meus dedos, minhas mãos, com extrema exatidão e, por alguns segundos, com ambas as mãos, fiquei segurando uma grande bola de luz.

Nesse momento, eu suspirei de felicidade e disse: "Eu lhe agradeço, inteligência universal, por ter me trazido até aqui". Vupt! Mais uma enorme bola de luz azul e branca apareceu justamente sobre mim. Eu celebrava essa resposta celestial e Thomaz só ficava se perguntando o que estaria havendo, pois ele não tinha visto essa bola. Ele estava de olhos fechados, relaxando. Contei a ele o ocorrido e ele ficou maravilhado, agora eu mesma já estava fazendo minhas próprias bolas de luz sozinha. Na sua opinião, eu era alguém muito, muito especial e, um dia, ele me levaria, com ele, para dentro de uma luz dessas.

As pessoas devem ficar sabendo que, de vez em quando, Thomaz desaparece por duas semanas inteiras numa luz dessas e volta completamente recarregado de energia. Informei-o de que por causa dos meus filhos, eu preferia acompanhá-lo apenas por dois dias; ele me disse que isso não seria problema. Faríamos tudo quando chegasse a hora certa...

Mais tarde, Christine me chamou a atenção para o fato de que não é sempre que se pode ver tais bolas de luz durante as sessões de energização. É preciso ter a capacidade de se abrir internamente e de confiar, do contrário, não se consegue ver nada, independentemente de quantos raios de luz Thomaz possa invocar. Além do mais, elas são vistas com o terceiro olho, com o olho espiritual, não com o olho físico. Isso eu já havia comprovado no primeiro dia, quando fechar os olhos não adiantou nada, e a luz, apesar disso, continuou ofuscante.

Quando mais tarde já me encontrava em casa, na Alemanha, fiquei sabendo que outros clientes utilizam os raios de luz como raios-resposta, para o sim e o não. Quer dizer, você faz uma pergunta e se um raio de luz aparece, isso significa "sim", e se nenhum raio aparece, significa "não". Eu não tinha nenhuma pergunta a fazer, por esse motivo, apenas brincamos com os raios de luz.

Uma pessoa me contou que via tais raios de luz durante reuniões de drogados. Mas eu me esqueci de perguntar se todos viam as mesmas cores ou se cada um, em sua própria onda, via somente "as suas coisas". O que, aliás, eu suponho que seja assim. Como todos sabemos, como sabem as pessoas que me conhecem, droga "não é a minha praia". Para mim, só a cafeína presente no chá verde já é suficientemente forte para eu não querer tê-la em meu organismo.

Então, aos poucos, Thomaz e eu fomos terminando a sessão e ele chamou Christine, a quem relatamos tudo o que experienciamos.

Thomaz estava muito satisfeito e disse que há anos não via tanta energia junta num visitante. Disse que estava muito contente. Ora, eu muito mais. Essa viagem realmente valeu a pena!

Desde que cheguei em casa, muita gente tem me perguntado com que Thomaz trabalha, se é com Deus, com uma inteligência universal ou até mesmo com uma inteligência extraterrestre. Eu não faço a mínima ideia e isso para mim não tem a menor importânciaquando sinto-me bem com a energia. Estou totalmente certa de que essa inteligência – não importa se universal ou extraterrestre – não fica experimentando Thomaz quando ele tem visitantes. Tal inteligência sabe bem como é Thomaz.

Quem é experimentado para saber com quanto de energia vem participar das energizações com Thomaz é o visitante. Nem Deus nem extraterrestre nenhum se impressionam com o quanto gastamos em valor terrestre, e não moveriam sequer uma palha por esse motivo. Estamos falando de energia. Um milhão teria sido pago apenas pela oportunidade de se ter a presença de Thomaz à disposição do cliente. Isso é uma coisa que, mesmo sendo difícil, se tem de entender.

Ah! Sim, quase me esqueci da história do açúcar. Quase nos esquecemos dele também no Brasil. Quando já estávamos perto de nos despedir, é que me lembrei do açúcar. Mais uma vez, fomos para a sala de energização e ele abriu dois dos pacotinhos de açúcar do hotel que eu ainda tinha em minha bolsa e os derramou sobre uma folha de papel. Então, colocou por cima o vidro do meu perfume (que ele, antes, havia materializado para mim) e gritou vários "Rás!". Logo depois, os cristais de açúcar se transformaram em açúcar fininho, como açúcar de confeiteiro, assumindo uma cor amarelada. De algum modo, não me interessei muito por esse chá e acabei por esquecê-lo lá.

E foi assim a minha experiência pessoal. Sentir que a moeda

"engatou" na outra e se fundiu foi o auge dos sentimentos. Visualmente, o auge foi o perfume que porejava nas pontas dos dedos de Thomaz e, claro, os fortes raios de luz, especialmente quando nós dois víamos exatamente a mesma coisa e a mesma cor.

Mais informações sobre Thomaz

Christine me contou muitas outras coisas, como por exemplo, que Thomaz vem sendo examinado, testado e filmado por diversos estudiosos há décadas. Esse é um dos motivos por que ele reage de forma um pouco frustrada quando as pessoas só querem vê-lo realizando fenômenos, em vez de quererem aprender como desenvolver sua própria força curadora por meio da mentalização. Ele acha que se já foi tão testado, deve ser mesmo bom. Mas, obviamente, há uma diferença muito grande entre ler sobre ele e conhecê-lo pessoalmente. Seguem algumas informações extras, conferidas por Christine e ainda outras, retiradas de um livro que um estudioso canadense escreveu sobre Thomaz, em 1988:

De quatrocentas peças de metal, Thomaz fez o seu "Guerreiro da Paz" (ver fotos em minha homepage). Essa escultura tem órgãos internos, nariz, orelhas e até mesmo chacras. Dela pendem diversos talheres perfurados e elos. As perfurações não foram feitas mecanicamente. Thomaz as fez com o poder da mente, concentrando-se, até que os orifícios aparecessem. Estudiosos fizeram uma medição na escultura e descobriram que nesse guerreiro da paz concentravam-se energias desconhecidas neste planeta.

Thomaz é capaz de produzir qualquer perfume (partindo do pressuposto de que a energia se apresente de forma suficientemente forte no momento). Uma vez ele produziu o perfume Chanel nº 5 e uma cientista francesa levou uma amostra para a empresa Chanel, em seu país. Lá, todos ficaram perplexos, pois nem eles mesmos seriam capazes de produzir a essência de forma tão pura.

Se a energia for favorável, desafiando a ciência, Thomaz pode transformar quase tudo em quase tudo.

Na ocasião do aniversário de sua irmã, Thomaz não sabia o que deveria lhe dar de presente e então, falando sério, pegou uma palha de aço fina, transformou-a em ouro e depois numa pulseira (tudo mentalmente, ele jamais toca nos objetos). Sua irmã levou a pulseira até um joalheiro, porque era tão leve, que mal se podia acreditar que fosse de ouro. Mas era, segundo a confirmação do joalheiro.

Mentalizando, ele é capaz de regenerar os ossos estraçalhados das pessoas, como se nunca tivessem passado por qualquer acidente. Até hoje, isso só não funcionou com ele mesmo. Caso quebre o braço, a única solução é engessar. Eu acho que isso o torna bastante humano, a maioria das pessoas sabe como é isso. Pode-se maravilhosamente ajudar os outros, aconselhar os outros, mas a si mesmo quase sempre não se consegue. Os alemães chamam isso de *betriebsblindheit*[21] (cegueira da empresa).

Há inúmeras histórias de cura. Thomaz é conhecido pelo *Crème-de-la-Crème* de médicos e estudiosos brasileiros. Um paciente de São Paulo foi até ele porque estava muito doente, diabético, e suas pernas, já muito escuras, estavam prestes a serem amputadas. Thomaz conseguiu curá-lo totalmente com algumas energizações, e esse homem, que é um grande industrial, deu-lhe de presente a construção de um terraço com piscina, em sua casa.

O terreno da casa de Thomaz é muito grande e lá se encontram vários chalés, onde ele recebe seus filhos adultos e sua ex-mulher, quando vão visitá-lo.

Na casa há um longo corredor coberto de fotos das pessoas que já foram atendidas por ele. O corredor ele mandou construir só por causa das fotos e, diariamente, atravessa-o e envia energia a todas as pessoas das fotografias, como forma de dar continuidade à energização de todos os que já estiveram ali.

Para os que não têm tempo ou, então, oito mil euros disponíveis,

---

21 De tanto ver as coisas feitas de certa maneira, até mesmo de forma errada, as pessoas não as enxergam mais como tais. Simplesmente as aceitam como fato consumado (N.T.).

mas que, ainda assim, gostariam de ver fenômenos, sugiro os livros sobre Christos Drossinakis (veja em www.baerbelmohr.de em "Heiler and Co.") ou então o vídeo "Zé" (veja no Google onde se pode encomendar) sobre curandeiros brasileiros.

Nesse vídeo, um dos curandeiros diz que ele tem de curar os outros, senão enlouquece. Se não o fizer, ele simplesmente não é mais capaz de se concentrar, perde a orientação e se sente muito mal. Enquanto ele puder colocar seu corpo sempre à disposição dos seres que desejarem ser curados por seu intermédio, aí sim ele se sente bem, pois só assim sente que está em seu próprio corpo.

Essa é uma declaração interessante e deixa bem explícito por que não é exatamente desejável se tornar um médium como ele. Para quem desejar mais informações a respeito das energias e já estiver trabalhando nisso, há em minha revista online gratuita, um artigo, em alemão, sobre "Planos Intermediários". Na mesma revista há muitas informações a respeito de outros médiuns com capacidades totalmente incomuns.

Consequências da viagem

Após o meu retorno à Alemanha, enviei esse relato por e-mail a todos os meus amigos que eu sentia que poderiam se interessar.

Clemens me ligou – ele tinha de me contar alguma coisa urgentemente. Possuía uma impressora a laser e comprou uma *Color Printer* para conectar à antiga. E a antiga impressora a laser não funcionou mais. Dias inteiros ele ficou "futucando" o PC, sem sucesso. Então meu relato sobre Thomaz chegou e Clemens pensou: "Isso que dizer que tudo pode ser. Se é assim, então, com o meu PC também pode ser. Portanto, *eu encomendo agora ao Universo* que ambas as impressoras funcionem direito". Falou isso, foi dormir e na manhã seguinte ambas as impressoras funcionaram sem que ele tivesse modificado absolutamente nada nos programas! Ele me ligou supercontente com um longo texto que estava sendo impresso sem qualquer problema.

Meus filhos também ficaram impressionados com os relatos sobre Thomaz e, principalmente, com as colherzinhas entortadas que Thomaz lhes deu de presente. Eles quiseram saber como ele faz essas coisas e eu pensei que fosse mais fácil para eles compreenderem, se eu dissesse que Thomaz, às vezes, fecha os olhos, olha para dentro de si mesmo, fala com Deus e pede para que ele faça o que deve ser feito.

Dois dias depois, meus gêmeos discutiam com a amiguinha da mesma idade se, por acaso no inverno daquele ano, ainda haveria neve; já estávamos em fevereiro de 2007 e nada de neve, inverno "extremamente quente" esse! Eu disse que isso era o que, supostamente, a maioria das pessoas estava desejando, mas que achava que, mesmo assim, não cairia neve naquele ano. Talvez sim, talvez não...

– Então temos de perguntar para Deus – concluiu minha filha, fechando os olhos e perguntando a Deus.

– Sim, eu também pergunto para Deus. A gente deve fazer assim, ficar bem quietinha e ouvir a voz do coração – disse a amiguinha.

Meu filho fez a mesma coisa e, logo depois, vieram os três me dizer que Deus havia falado que ainda cairia neve. E caiu mesmo.

No dia seguinte, à noite, no quarto das crianças, minha filha anunciou que ia falar com seu anjo da guarda. Ela se sentou na cama, fechou os olhos e espiou para dentro. Logo depois ela disse toda contente:

– Meu anjo da guarda me falou uma coisa!
– O que foi que ele lhe disse?
– Ame o que é seu!
– Isso soa interessante
– O que quer dizer isso? – perguntou meu filho.
– Vou perguntar para ele – disse ela, fechando os olhos de novo, perguntando ao seu coração e, depois, gritando admirada: – Ele me disse que isso quer dizer: "ame seu corpo!".

– Você também viu o seu anjo da guarda? – questionou meu filho.

– Não, eu só o sinto!

A propósito, nesse meio tempo, meus filhos conheceram Thomaz pessoalmente e tudo foi muito mais doido do que o que eu mesma experienciei com ele. Eu iria longe demais se ainda fosse escrever sobre isso. Em todo caso, Thomaz acredita que crianças são menos desconfiadas e relacionam tais experiências apenas à alegria, leveza, diversão e, por esse motivo, muito mais coisas podem acontecer. E as mães que presenciam os fenômenos também lucram com isso.

Por que contei a vocês isso tudo tão detalhadamente? Para que vocês concluam que eu, infelizmente, sou completamente louca, sem noção, que tenho alucinações etc., ou, então, justamente o contrário, caso achem que o que escrevi é verdadeiro e que pode ser observado como mais um indício de que é realmente fato o que Max Planck e Bruce Lipton dizem e que serve de abertura para próximo capítulo: *Que a matéria não existe, que nosso mundo tem origem e composição numa única força, a de um espírito consciente e inteligente.*

E se a coisa é assim, o que podemos deduzir?

VOCÊ É LUZ E AMOR

O que dizem dois importantes cientistas

Como físico, isto é, como homem que dedicou toda a sua vida à ciência, à classificação e à pesquisa da matéria, julgo-me livre da suspeita de ser considerado um sonhador, ou então um mero espírito exaltado. Portanto, após todos esses anos de pesquisa sobre o átomo, faço a seguinte constatação: a matéria, em si, não existe! Toda a matéria é criada e composta por uma força que coloca as partículas atômicas em movimento e as mantêm unidas no minúsculo sistema solar do átomo. Temos de aceitar a existência de um espírito consciente e inteligente que atua por trás desta força. É uma força que se situa na origem de toda a matéria. A matéria visível – porém transitória – não constitui, na verdade, o que existe de mais verdadeiro e autêntico, já que como vimos essa matéria nem mesmo existiria sem o espírito que a criou. Na realidade, é o espírito invisível

e imortal que é real e verdadeiro! Mas como o espírito por si só não pode existir, e a cada espírito corresponde um ser, somos obrigados a admitir a existência de seres espirituais. Como esses seres espirituais também não podem existir por si sós, e precisam ser criados por alguém, eu não tenho o menor receio de chamar esse misterioso Criador pelo mesmo nome que todas as culturas da Terra, há milhares de anos, sempre lhe deram: Deus. Portanto, vejam, meus honoráveis amigos, como em nossos dias – dias esses em que não se acredita mais que o espírito seja a causa principal da toda a Criação, por se estar a uma amarga distância de Deus, o imperceptível, o invisível – a verdade se reergueu do túmulo da exagerada ênfase materialista e abriu os portões para o perdido e esquecido mundo do espírito.
Max Planck

Conforme definido pela física clássica, no Universo, o átomo é composto de partículas como elétrons, prótons e nêutrons. Todavia, há cem anos, os fundadores da Física Quântica modificaram radicalmente a nossa visão da realidade, à medida que descobriram que as partículas atômicas são turbilhões imateriais de energia, que podemos imaginar como subatômicas. Os átomos são formados pelas mesmas e invisíveis forças energéticas que penetram no espaço e em nosso meio. As forças invisíveis são o que os cientistas chamam de "campo".

Assim falou Albert Einstein, a respeito da relação entre esse campo e a matéria física: "O campo é a única força que age sobre uma partícula". Isto é, as invisíveis forças de movimento do campo determinam a forma da matéria.

Enquanto os físicos chamam de "campo" as invisíveis forças de movimento que exercem influência sobre o nosso mundo, os teólogos chamam a mesma energia invisível de "força espiritual" ou "Deus". Em tempos modernos, somos testemunhas de uma grande aproximação entre a ciência e a religião, que resultará numa nova visão de mundo que diz 'sim' à vida, da qual a humanidade precisa urgentemente.
Bruce Lipton

Bruce H. Lipton é Ph.D. em biologia celular, professor universitário e autor do best-seller *A biologia da crença*. Este é um trecho do prefácio que ele escreveu para o meu livro *Mama, wer ist Gott* (Mamãe, Quem é Deus?).

Somos parte de um campo de consciência

Todos nós somos feitos das invisíveis forças de movimento deste campo consciente; nós somos parte dele. E, em algum lugar, dentro de nós, realmente existe matéria concreta. (O documentário Quem Somos Nós? descreve isso de forma impressionante – www.bleep.de.)

Somos parte de um campo onde tudo está ligado a tudo. Nossa aparente existência material é feita, na realidade, apenas de partículas de luz e de campos de força conscientes, que as movem. Você é feito de partículas de luz. Você é parte do campo consciente que mantém essas partículas de luz em movimento, de modo que a impressão de que se é matéria, cria-se.

"Soa muito lógico, mas eu não assimilo nada disso" disse, recentemente, uma leitora-cobaia que pertence ao público-alvo. "Se eu sou parte de um espírito consciente, se Max Planck tiver mesmo razão, e se de fato existe uma espécie de consciente *criação original* – eu prefiro não chamar isso de Deus, pois isso me lembra demais o Deus castigador das religiões – mas se a origem da minha existência é uma eterna consciência, então tenho de conseguir me comunicar com ela. Como posso fazer isso?"

Talvez já façamos isso o tempo inteiro sem perceber! Enquanto falo comigo mesmo, concomitantemente falo também com a *criação original*, pois sou parte dela.

"Você quer ver Deus? Vá até um espelho e olhe!". Alguém "canalizou" isso uma vez, esqueci quem foi, sempre tenho minhas desconfianças em relação a *Canalizações*, mas, algumas pessoas são boas nisso e esta é uma ótima frase.

Quando olho no espelho e falo comigo mesmo, uma parte da criação original (a parte que se tornou humana) fala comigo. Só que essa parte não tem mais consciência disso.

É como se Deus tivesse se transformado na pequena Erna e no pequeno Hugo. Então, Deus se põe diante de um espelho e fala consigo mesmo. Quer dizer, a pequena Erna e o pequeno Hugo estão diante do espelho perguntando-se: "Onde Deus está?".

E quanto mais coisas Deus não gostar em si mesmo, mais ainda ele se esquece de si mesmo. Erna não gosta do clima na Alemanha, mas, visto que ela é Deus e o clima também é Deus, então, na verdade, Erna não gosta de si mesma. Hugo não gosta da rua onde mora nem dos vizinhos. Mas ele é Deus, a rua e os vizinhos também são Deus. Temos aí novamente um Deus que rejeita sua própria divindade e sua própria criação.

Esta é a derradeira consequência do que Max Planck e Bruce Lipton disseram anteriormente.

Se for assim mesmo, como posso me lembrar de quem eu sou? Como posso me sentir novamente ligado ao campo que faz com que sejam possíveis tanto a minha existência física, quanto todas as coisas que existem em torno de mim?

Quanto mais você rejeitar coisas no mundo, mais rejeitará partes da criação e, definitivamente, partes de si mesmo. Um campo, uma consciência, uma mistura que vibra e vibra numa mesma frequência, estaria contra esse campo e, na verdade, você estaria contra você mesmo. Religar-se à *criação original* significa se reconciliar com tudo o que esse campo criou, inclusive com todas as catástrofes deste mundo. Tudo e todos são feitos das mesmas forças desse campo, das mesmas partículas de luz e da mesma consciência, que unem tudo. Quanto mais coisas você rejeita, mais partes da criação são rejeitadas. Reconcilie-se com tudo e estará muito mais próximo da consciência do Todo.

Não há motivos para se reclamar a respeito de George Soros.

Ele só consegue fazer o que faz, porque a consciência coletiva alimenta contrariedades que tornam possíveis as trapaças feitas na Bolsa de Valores. Se ele fosse contra a diabólica Bolsa, jamais alcançaria a consciência de poder usá-la do jeito que lhe convém.

Enquanto você *for contra alguma coisa, jamais alcançará a consciência de se tornar independente dela e de viver da maneira que bem quiser.*

O mesmo vale para chefes de governo que, para nós, são um soco na boca do estômago. Eles também são apenas e tão somente a expressão da consciência coletiva. Imagine que você tivesse sido dez mil vezes clonado e fosse dono de um país. Então, surgiria algum tirano para dizer aos dez mil "você" que, a partir daquele momento, quem mandaria no país seria ele. Suponho que isso não daria em nada, certo? Se ele não fosse bonzinho, acabaria isolado em uma ilha deserta, onde ele mesmo teria de cuidar de si e irritar a si mesmo. Um tirano só pode governar um país, à medida que a consciência coletiva da população permite isso. Ele é, então, a visível expressão dessa população.

Nem é preciso ficar reclamando de tiranos, o melhor que se tem a fazer é cuidar da própria consciência e, com isso, contagiar os outros. Se você tiver consciência e personalidade muito fortes, jamais haverá lugar para tiranos na sua família. Nem na sua empresa. Você simplesmente não fará negócios nem trabalhará com pessoas assim. Isso não seria compatível com a sua riqueza interior. E quanto mais pessoas forem inspiradas pelo seu exemplo e partirem para a descoberta de sua própria riqueza interior, então, ninguém que não tenha riqueza interior governará mais o seu país.

A força para isso (independentemente se usada na família, na empresa ou no governo) você desenvolve no momento em que se reconcilia com tudo o que rejeita. Reconciliar-se com o que existe é, automaticamente, reconciliar-se com a *criação original*. Se algo existe, isto que dizer que algo foi criado. Não faz o menor sentido ser contra isso, o que, além do mais, rouba-nos energia. Em vez de ser *do contra*, saiba que a reconciliação traz, rápida e desembaraçadamente, mudanças holísticas para nossa vida (lembre-se do exemplo da iniciativa de Rüdiger Nehberg pela conscientização a respeito da mutilação da genitália feminina em países islâmicos).

Você é luz e amor significa dizer que você está de acordo com a *criação original* e com o que ela é e, a partir disso, é possível que sua força criadora individual e a energia para a mudança se desenvolvam. Se você ama as coisas do jeito que são, nada mais é rejeitado. Dessa forma, você se aproxima muito mais da Unidade, como também da Unidade de todas as suas forças. Você não vai se tornar um poderoso criador de sua própria vida, se continuar rejeitando tantas coisas quantas forem possíveis, e sim, se passar a amar a Criação pelo "conjunto da obra" – independentemente se você a compreende ou não. É como na arte, nem sempre se pode saber ao certo o que o artista está querendo transmitir por meio de sua obra.

Aprecie a Criação como se aprecia uma obra de arte, assim você não precisará compreendê-la inteiramente para poder amá-la.

Na mídia se discute a partir de qual nível de complexidade o efeito quântico para de existir. Talvez ele nunca pare... Pense em *Ho'oponopono*, em Thomaz do Brasil e em sua própria vida: quantas vezes a vida começou a lhe gerar possibilidades, quase que imediatamente após você ter formulado internamente um propósito qualquer? O seu propósito tem um efeito sobre o campo. E o campo é *criador*.

Para concluir, passemos ao teste de múltipla escolha:

(A) Bärbel é louca e sem noção.
(B) *Tá bem, tá bem* até que isso me dá o que pensar. Acho que vou dar um passeio e deixar a leitura agir em meu interior.
(C) Aleluia! Eu sempre falei isso!

Não importando se marcou A, B, ou C, você sempre alcançaria a pontuação máxima, cem pontos. Pois você é o *chefe* da sua realidade e tudo isto aqui é apenas e tão somente um estímulo à descoberta individual da própria verdade interior.

Talvez agora você possa gostar de fechar os olhos e espiar para dentro durante um tempinho... Descubra, no mais íntimo de si, a pureza intacta.

A origem da existência de cada ser humano é puramente amor (luz e o campo em movimento). A fonte interior sequer precisa de cura, porque ela jamais poderia adoecer, nem física nem psicologicamente, muito menos energeticamente, nem de qualquer outra forma. E quanto mais você estiver em conexão com essa eternamente pura e intacta força elementar que habita em seu interior, muito mais saudável e feliz, em todos os níveis, você será e, portanto – de um modo completamente diferente –, a sua existência terrena vai se tornar muito mais poderosa.

COMPULSÃO CONSUMISTA OU LIVRE DECISÃO DE COMPRA?

De vez em quando, você, por acaso, é acometido de ataques similares aos de consumismo compulsivo? Então, antes de qualquer coisa, compre logo o livro *Politik des Herzens* (Política do Coração) de Geseko von Lüpke, mas leia-o só depois que tiver tomado conhecimento do conteúdo do capítulo a seguir (senão você vai desistir de comprar, embora seja uma ótima coletânea de entrevistas), a respeito dos "primeiros socorros" em situações de "risco de compulsão consumista".

Reiteradamente, diz-se que o alemão de classe média gasta mensalmente – também em média – cerca de 110% de seu salário, enquanto os gastos do americano de classe média, por sua vez, giram em torno de 120%. Em todo caso, *este* problema você não tem. A menos que você não pertença ao público-alvo. Contudo, especialistas acreditam que grande parte de nosso produto nacional bruto está relacionada às compras feitas para se compensar a frustração pessoal.

E isso vale para todos os que dispõem de um pouquinho mais de dinheiro do que o estritamente necessário para se viver.

O povão possui mais camisetas do que o necessário e a elite possui mais modelos *Ferrari* do que o necessário ou, então, resolve mandar dourar a fuselagem de seu jato particular, porque brilho é chique.

O consumismo compulsivo se abate sobre a massa, da mesma forma que se abate sobre a elite que ganha dinheiro com a compulsão da massa. Nos Estados Unidos já existem grupos de autoajuda para consumidores compulsivos, bastante parecidos com os Alcoólicos Anônimos. Eles são os *Shop-Aholics Anonymus* (Consumistas Compulsivos Anônimos).

De acordo com informações obtidas via internet – inúmeras, ao se fazer uma busca sobre o tema *Consumismo Compulsivo* – na Alemanha, o primeiro estudo sobre o tema foi feito em 1989, pela Universidade de Stuttgart-Hohenheim. Após sua conclusão, com certa cautela, estimou-se que em torno de 15% a 20% da população do país tem problemas dessa ordem. Indagando minhas amigas donas de casa a esse respeito, o resultado da "pesquisa" revelou valores ainda mais drásticos! Eis aqui alguns comentários:

"O quê? Só 20% da população? Até parece! Todo mundo tem pelo menos um pouquinho desse problema."

"Como é que é? Eles estão sonhando! Eu não conheço absolutamente ninguém que não tenha mais bagulhos em casa do que realmente necessita..."

"Ah! Se é assim, então, com toda certeza, eu faço parte desses 20%..."

Um aposentado por invalidez, num tom um pouco ofendido afirmou: "Eu adoraria ter esse problema. Só que não posso me dar ao luxo de tê-lo. Mal sobra algum para a comida...". A irmã dele o interrompeu: "Ah! Só se for no fim do mês! Dê uma olhada na imensa bobagem da sua coleção de cristais e pedras semipreciosas! Para que você precisa desse treco todo? Algumas pedras ainda estão jogadas por aí, embrulhadas nas mesmas sacolinhas desde o dia em que você as comprou".

Um oficial de justiça me contou que quando ele bate à porta de pessoas para fazer cobranças, não raro encontra uma surpreendente quantidade de mercadorias ainda na caixa, fruto de compras por catálogo, depois que o consumismo compulsivo os ataca. Até que a entrega lhes seja feita pelos correios, elas já nem se interessam mais pelo produto. Ele disse que há cada vez menos bens para se penhorar, a maioria é de grandes sacos de lixo azuis cheios de roupas que não cabem mais nos armários, compradas por pessoas que não foram capazes de refrear seus impulsos consumistas.

Se você é alguém que tem esse problema de consumismo compulsivo (eu mesma sofro um pouquinho desse problema, embora durante a vida inteira, só tenha acontecido uma única vez, de eu ter estado "no vermelho", e não mais de seis meses, por esse motivo digo, "um pouquinho"), no mínimo, você faz as coisas de maneira bastante diferente: por exemplo, manda construir uma garagem subterrânea de mármore para os seus modelos *Ferrari*. Leia o livro *Deus numa harley – uma fábula espiritual*", de Joan Brady. Após uma hora de leitura, o sentimento que se tem é de querer, urgentemente, livrar-se de pesos.

A sugestão do oficial de justiça (oficiais de justiça também têm coração; este foi um participante de um de meus seminários) contra o consumo compulsivo (e se assemelha à encontrada no estudo da Universidade de Stuttgart-Hohenheim), é: as pessoas deveriam programar um dia de arrumação por mês e fazer uma lista de tudo o que possuem. Ao lado de cada objeto listado, deve-se escrever, numa outra coluna, quando foi a última vez que ele foi utilizado! As pessoas devem levar a lista sempre consigo, por exemplo, guardada na carteira. Mas pode ser que para carregá-la elas precisem de uma carteira maior ou, quem sabe, de um carrinho de mão!

Compulsão consumista na hora de comprar roupas (comprar peças que depois não serão usadas) se reduz drasticamente fazendo uma única "visita" à vida de Herta Hirt, que presta um serviço de consultoria de cores de caráter incomum. Ela vê uma espécie de imutável cor básica, predominante na aura das pessoas, em combinação com as tonalidades. Segundo Herta, essa camada básica não se modifica jamais. E se a pessoa usa roupas da mesma cor fixa de sua aura, fortalece o campo energético de seu próprio corpo, revigora a sua força interior e intensifica o que você "passa" para pessoas ao seu redor. E isso facilita, extraordinariamente, a escolha, na hora da compra de roupas, ao mesmo tempo que reduz, de forma drástica, a compulsão por comprar. A propósito, Herta diz que dos seus quatro mil clientes, nunca viu nenhum deles ter a mesma combinação de cores que outro! Em minha homepage, você encontra um artigo sobre isso, em alemão, na revista online gratuita, acesse:http://www.lebensfarben.eu.

Resumindo, o estudo mencionado anteriormente diz que as pessoas que sofrem de compulsão consumista executam suas compras de bens de consumo e serviços em meio a episódios de crises pessoais. Com isso, elas seguem um impulso irresistível, experienciado como mais forte que a própria vontade, até chegarem a ponto de perder o autocontrole. Comprar passa a ser vivenciado como único meio de satisfação de necessidades pessoais e, como na maioria dos vícios, a tendência é que a "dose" vá aumentando, cada vez mais, visto que para alguns, comprar tem efeito tranquilizante, enquanto para outros, tem efeito estimulante. Em ambos os casos, comprar proporciona um sentimento de felicidade e preenche os "buracos da alma" e os sentimentos de vazio interior.

Muitas vezes, comprar é considerado símbolo de decisão competente e livre e símbolo de abundância e vida intensa. Na maioria das vezes, o motivo da compulsão consumista está na baixa autoestima. Sim, exatamente, autoestima baixa, independentemente se se compra compulsivamente muita ou pouca coisa.

Adeus, compulsão consumista!

Mas, então, o que queremos, na verdade? Quando alguém como Camilla, a segunda mulher do Príncipe Charles da Inglaterra, que diariamente usa um vestido novo, mas – oh, que escândalo! – três vezes os mesmos sapatos, isso logo vira manchete nos jornais. *Como a Camilla tem a coragem de fazer isso?* E no seu caso, como é? Você precisa de mais um helicóptero, porque já tem três, mas ainda não tem nenhum na cor verde? Você continua certo de que faz essas coisas por livre e espontânea vontade ou caiu na armadilha de sua própria campanha publicitária? Ou você é capaz de, com uma gargalhada, simplesmente ignorar o que a imprensa fala sobre seus sapatos e seus helicópteros? Como é essa coisa da manipulação por outras pessoas ou grupos sociais? *O que você compra é, realmente, expressão do que você é ou expressa apenas a obsessão de querer pertencer a algum lugar?*

Compreenda-me bem. Luxo é ótimo. Por vezes, também adoro me comprazer dele. A questão é somente se nos damos ao luxo de adquirir coisas, por enxergar nelas a beleza da criação e força criadora humana. É o nosso senso de estética que nos leva a agir assim ou é o consumo "compensatório" por nos sentirmos vazios internamente?

Em primeiro lugar, eu acho sensacional quando se gasta dinheiro para a multiplicação da beleza no mundo. Como já disse, seria uma pena se o castelo Neuschwanstein não existisse. Perfeito é quando todos os que trabalham na construção são pagos de maneira justa, para que, assim, eu possa me alegrar com isso, verdadeiramente, e, se a ocasião permitir, ainda possa dividir essa alegria com outras pessoas. Porque para ficar sozinha, quase morrendo de infelicidade dentro do meu Neuschwanstein, teria sido melhor se tivesse ido para um treinamento de sobrevivência na selva!

Taormina, na Sicília, é, por exemplo, um lugar de felicidade para mim, porque é pleno de beleza. Antigamente, os ricos, na Itália, construíam lá as suas residências de inverno. Por esse motivo, eu não gostaria de desanimá-lo a contribuir para mais beleza no mundo. O máximo que lhe diria é que você deveria fazê-lo de forma que lhe faça bem. Na pior das hipóteses, o que pode acontecer é que resto do mundo se alegre com isso! Se não agora, em cem anos, com certeza! Aliás, no caso de alguns prêmios de arquitetura concedidos atualmente, ninguém poderia propriamente se alegrar, nem hoje nem daqui há cem anos e, na verdade, junto com a premiação, deveriam também estar incluídos dois anos de prisão pelo delito. Uma arquitetura desse tipo jamais poderia ser pensada por alguém que fosse livre de complexos dos mais diversos tipos e de necessidade de compensação pela frustração pessoal. Pelo menos é o que eu imagino. Mas talvez seja apenas o meu gosto antiquado.

A partir do que você orienta as suas preferências? Você tem certeza de que, ao fazer suas escolhas, é o seu gosto falando mais alto, é aquilo que lhe causa alegria, no fundo de sua alma, ou há a influência de outras coisas completamente diferentes disso, hein?!

Fatores psicológicos

Demos uma ligeira passada de olhos na teoria do consumismo compulsivo: tudo o que tem vida obedece a um ritmo e alternância em forma de onda, observada entre as fases de repouso e atividade. Há dia e noite, verão e inverno, maré baixa e alta, e por aí vai. Mas também, em nosso corpo, existe algo semelhante a um relógio interno. Durante o dia ou durante a noite, cada órgão tem seus momentos de atividade inteiramente particulares. Por esse motivo, comer à noite é tão indigesto, uma vez que nesse período os intestinos repousam e, na verdade, o corpo quer se desintoxicar. Há estudos sobre a capacidade de concentração do ser humano que apontam em que momento do dia se pode aprender mais e, seguindo o ritmo natural, em que momento decai a atenção. Isso se repete dia após dia.

É errado acreditar que a fase natural de repouso do ser humano seja a noite e que o dia seja feito para a realização de atividades. Durante o dia *desaprendemos* de criar a força que se obtém das fases de repouso e, também, de atribuir-lhe merecido valor, porque, em vez disso, inconscientemente, colocamo-la em relação de igualdade com a morte. Quem não for constantemente ativo e produtivo, logo é considerado fraco demais para este mundo. Nós temos essa ideia de que a vida é uma permanente atividade no exterior.

O que nos falta é desfrutar dos tranquilos momentos de silêncio. Ou então, com toda a sinceridade: qual foi a última vez que você, propositadamente, desfrutou de um momento de silêncio que tenha durado mais do que quinze minutos? São coisas que também devem fazer parte da vida, em pleno dia: voltarmo-nos para dentro de nós mesmos, aproximarmo-nos de nós mesmos, percebermos a nós mesmos e darmos mais valor a nós mesmos, em meio a tais fases de repouso no agitado mundo exterior. Em vez disso, na maioria das vezes, a pressa, o estresse e o corre-corre se tornaram símbolo de vida e aceitação.

Fazer uma pausa amedronta muitos de nós, porque, assim, passaríamos a sentir a nós mesmos e, possivelmente, correríamos o risco de pensar muito sobre realização pessoal e verdadeiro sentido da vida.

Agora chegamos mais perto do ponto. Temos de estar permanentemente envolvidos com milhares de coisas novas, para que, desse modo, evitemos sentir a nós mesmos. Como fazemos isso? Ora, nós vamos às compras! Por meio do consumismo compulsivo, tentamos compensar o natural *movimento de onda*, a alternância entre atividade e repouso.

Verdadeiro veneno para a compulsão consumista é, portanto, a alegria crescente pelo desenvolvimento da personalidade e pela verdadeira proximidade em relação aos amigos e à família.

***

— *Argh*! — disse a compulsão consumista, quando pai e filho calçaram suas galochas e começaram a pular nas poças d'água.

— Ao menos deveriam ter calçado botas de prata para causar melhor impressão. E por que não dão preferência ao mais novo jogo de computador no qual se pisa em poças? Pelo menos pode-se ganhar pontos com essa pulação. Além do mais: pular em poças é algo que seus bisavós já faziam. Isso é mais velho do que a lama do dilúvio e está fora de moda desde a Idade da Pedra. Esses dois não parecem ser desoladoramente antiquados? Não parecem cheirar a mofo?

— Que horror, ouriço! — foi o que disse, com ares de nojo, a compulsão consumista, ao ver que Elfi havia se aproximado, colocando a mão sobre seu coração para saber se não estaria passando mal.

– Essa moça deve, primeiramente, lavar os cabelos, fazer hidratação dos fios, depois, uma boa escova, passar a prancha e, finalmente, ir comprar um perfume decente, além, é claro, de um par de sapatos que sejam bem sensuais. Do jeito que está, jamais conseguirá arrumar um namorado...

– Estou me sentindo tão fraca – suspirou, espantada, a compulsão consumista, quando os amigos resolveram fazer um passeio, pela manhã. Ao romper da aurora, abraçaram árvores e depois foram jogar uma partida de xadrez. Eles a ignoraram o dia inteiro, sem terem nem o mais discreto pensamento em consumo. Onde estão os pãezinhos-doces, o *Ice Coffe* ou pelo menos um bilhete para ir ao cinema? "Pobre produto nacional bruto...", pensou a compulsão consumista. "Nem mesmo um celular eles trouxeram. Desta maneira, como é que ainda podemos gerar despesas?"

EXERCÍCIOS

Exercício 1: Proximidade Interpessoal

Você já esteve nos Estados Unidos? Não, não se preocupe, não vamos ter de viajar até lá para buscarmos algum consolo do tipo "eles são ainda mais consumistas do que nós". O que faremos agora será apenas nos apropriarmos de uma característica positiva dos americanos e refiná-la um pouco.

Os americanos têm o costume de *perceber* as pessoas ao seu redor. É patente que, especialmente aqui na Alemanha, isso é algo que nós não fazemos. Aqui, quando alguém está na fila de um supermercado, não se vira para trás para cumprimentar o próximo da fila e ainda comentar que, nessa época, no SPA, as flores desabrocham lindamente. Caso isso ocorra, imagina-se que tal pessoa tenha fugido de um hospício, ou que é um pedante, ou então que simplesmente vai pedir dinheiro!

Imagine um vendedor na Alemanha que o cumprimente com um "Olá, amor, como você está nesta manhã?". A maioria dos alemães nunca mais teria coragem de entrar na loja, porque, para eles, esse jeito seria totalmente suspeito!

Sendo alemão, você tem coragem de chamar de *você* a pessoa desconhecida que está sentada ao seu lado no saguão do aeroporto? Há um "acordo" entre nós de que isso é simplesmente algo que não se faz. Os americanos estão sempre preparados para trocar algumas palavras, mesmo que brevemente, com as outras pessoas. A desvantagem é que acham isso tão normal que o fazem o tempo todo e, portanto, nós, alemães, percebemo-los como superficiais, apesar da percepção e da abordagem amável ao nosso semelhante serem, em si, uma coisa maravilhosa.

Eis agora a nossa chance na Alemanha. Não conseguiríamos, porém, fazer isso o tempo todo como eles, porque isso é totalmente incomum para nós mesmos; e em nosso meio social isso choca, de tão incomum que é. Quer dizer, nós, alemães, temos de estar alertas e totalmente conscientes se quisermos sair em busca de pessoas para abordarmos amavelmente e que nos devolvem o sorriso se sorrirmos para elas. E isso ainda seria muito pouco.

Claro que a maioria dos sortudos ou fugirá disso ou terá medo de que você tenha pulado o muro do hospício ou de que seja senil. Não deixe que isso o intimide. Simplesmente, sente-se em algum lugar na rua, observe os passantes e exercite-se em reconhecer os rostos das pessoas que estariam dispostas a lhe sorrir de volta e que, supostamente, ainda pareçam ter bastante pureza e alegria de viver em seus corações e, com total desprendimento, procure também trocar algumas palavras com elas, descontraidamente, sem que se possa supor que haja algum tipo de armadilha, cantada ou qualquer coisa do gênero.

Você não encontrará muitas pessoas assim. Mas saberá como a alegria de ter visto pelo menos uma pessoa assim é muito mais duradoura do que a alegria de ter olhado cem vitrines! Entendeu?! *Nós paralisamos o consumismo compulsivo por meio de vivências no âmbito das relações interpessoais.*

Caso esse exercício lhe pareça difícil, você pode ir até a estação de trem e observar as pessoas que parecem estar precisando de ajuda. Seja para ajudar a carregar as malas de alguém escada acima, escada abaixo, ou um carrinho de bebê. Com toda a certeza você receberá um sorriso em troca e, possivelmente, também poderá trocar uma ou duas frases, antes que a pessoa em questão siga seu caminho.

Com um pouquinho de prática, logo saberá reconhecer, na multidão, as pessoas que possuem um ritmo de vida mais tranquilo e relaxado do que as outras. E, na maioria das vezes, com tais pessoas você pode conversar sobre todo e qualquer assunto, mesmo que jamais as tenha visto antes em sua vida.

E se a "moda" desse exercício pegar... – sem falar em quanto dinheiro economizamos ao praticá-lo – então, em algum momento, observaremos o contrário do que vemos: lançamos um olhar sobre a massa e todos passeiam relaxados, tranquilos e apenas alguns veteranos dos tempos do estresse e da guerra trazem alguma inquietação para a cena. Se nós ainda vivenciaremos isso é outra história, mas é permitido sonhar...

Outra possibilidade para se fazer uso da "proximidade interpessoal", como antídoto contra a compulsão consumista, é: sempre que sentir o impulso de querer comprar alguma coisa, pergunte a si mesmo como ou com quem você poderia vivenciar, no momento, um simpático episódio de aproximação interpessoal. No caso desse exercício, não importa se seriam amigos, familiares ou desconhecidos. Aproximação interpessoal, com tranquilidade e serenidade, é uma das maiores inimigas da compulsão consumista.

Exercício 2: Fazendo uma Pausa Antes da Compra

Conforme li há pouco tempo, todas as ações que repetimos, entre cinco e seis vezes, são armazenadas em nossa mente como *automatismo*. Não é mais necessário reflexão sobre as coisas, nós passamos a agir automaticamente. A esse respeito, a típica declaração de um consumista compulsivo: "Em um episódio de consumismo compulsivo, sequer preciso refletir se compro logo algo que me agrada, pois, via de regra, antes que a primeira consideração apareça, já efetuei a compra há muito tempo. Isso se estabeleceu fortemente em mim como automatismo".

Se quisermos modificar esse tipo de automatismo, de algum modo temos de chegar às programações no subconsciente e modificá-las. Só que preferimos chegar por trás do automatismo, dar um grito para derrubá-lo e, então, sentar em cima dele, até que ele perca o ar. Brincadeirinha... Fazer com que vibre o tom sereno em nosso interior sempre causa um melhor efeito no exterior. Por essa razão, sugiro um exercício espiritual com treinamento em acuidade sensorial (percepção fina).

Se você concorda com a ideia de que o corpo físico é apenas um instrumento, ou seja, de que o ser humano é muito mais do que o corpo que ele leva para lá e para cá, muito mais do que o ego com sua racionalização aparentemente tão lógica, então, esse exercício certamente serve para você.

Eu, particularmente, acredito que o ser humano possuiu uma alma imortal, com a qual ele pode se ligar internamente. A partir dessa suposição fundamental, é possível arrancar, de dentro de seu corpo, a síndrome da compulsão consumista. Não para economizar dinheiro, imagine, não haveria porquê. Mas para alcançar um sentimento de liberdade interior e realização pessoal.

Sempre que alguém vê alguma coisa e quer comprá-la logo em seguida, mesmo que esteja longe de precisar daquilo, provavelmente esse impulso vem da mistura entre medos automatizados (o medo de sentir a si mesmo ou de sentir um vazio interior) e mecanismos compensatórios.

Em todo caso, de maneira geral, ele não consegue avançar, no plano superior da existência, da alma ou na consciência do Todo, da Criação. Eu mesma duvido que meu eu superior e minha alma tenham qualquer interesse em saber se eu tenho cinquenta e um ou cinquenta e dois pares de sapato. Um impulso de consumo dessa ordem só pode chegar ao nível de minha consciência de modo muitíssimo fraco.

Eu sempre procedo da seguinte forma: no momento em que o impulso de consumo aparece, faço uma pausa e, internamente, estabeleço uma ligação que se remete à fonte da minha existência. Isso é bom? E como é bom! Experimente uma vez e vai amar o exercício.

Diante de mim se encontra uma estante com coisas muito legais (não importa que seja o terceiro sorvete do dia, a milésima calça ou o quarto helicóptero). Antes que eu compre, faço uma pausa de um minuto e me conecto à força do cosmos dentro de mim. Pode-se fazer isso tanto de olhos fechados quanto abertos. Simplesmente direcione a sua atenção para o seu interior, para o seu coração e imagine que você, ao inspirar, leva a força e o amor do cosmos para o seu coração. Ao expirar, não imagine nada. Somente expire. Não faça nada parecido com expirar algo com energia ruim. Isso só serve para direcionar a sua atenção para uma energia ruim, na qual você sequer havia pensado; se fizer isso, você a invoca. Deixe isso quieto! Nesse exercício, a expiração só existe para expirarmos, e nada mais além disso.

É muito simples: quando você estiver diante de uma decisão de compra, respire fundo três vezes, brevemente, isso é suficiente para direcionar sua atenção para o seu interior, para o seu coração, imaginando que, assim, ao inspirar, a força e o amor do cosmos estão sendo levados até o coração, como se ele fosse a única porta de entrada do corpo inteiro.

Ao mesmo tempo, você também pode prestar atenção às batidas de seu coração e imaginar que, com cada batida, a sua ligação com a origem de toda a existência é revigorada e sentida. Esta é apenas uma variação do exercício para brincar de experimentar, mas não precisa ser só essa.

Caso você não esteja sendo observado, no momento em que se dá o impulso consumista, você pode fechar os olhos, abrir os braços, virar as palmas das mãos para cima e fechar os olhos. Então, você imagina que, por meio do coração e com o corpo inteiro, você está respirando e sentindo a energia e o amor do cosmos.

Respirar fundo três vezes é o suficiente. Após isso, você pode voltar a olhar para a coisa que queria comprar. Caso ainda se lembre do que era. Pois uma coisa é simplesmente impossível: não se pode, ao mesmo tempo, estar sensivelmente ligado à própria alma e à energia do cosmos e ainda achar interessante a compra de um descascador de batatas ornamentado com contas coloridas, quando, ainda por cima, já se tem em casa um descascador de batatas em perfeito estado.

Após esse exercício, sinto sempre como se tivesse de rir e fazer piadas sobre mim mesma, a respeito do que eu, naquele momento, poderia ter achado de tão especial em um determinado objeto ou serviço.

Se mesmo após esse exercício de "respiração-em-três-tempos-para conexão-com-o-cosmos", eu ainda quiser comprar aquela determinada coisa que muito me havia agradado, pelo menos o impulso de consumo foi embora e, assim, posso chegar a um acordo comigo mesma, tomar nota e deixar para decidir no dia seguinte, se realmente preciso dela ou não.

Antes que no dia seguinte eu dê uma olhada nessa anotação, ponho em prática novamente a técnica de "fazer uma pausa" e, assim, consumo com mais consciência do que nunca. Dessa forma passo a ter mais tempo para mim mesma e para relaxar, pois, em casa, consequentemente, terei bem menos bagulhos para "administrar". Se bem que eu ainda tenha muitos trecos em casa e sua "administração" até seja divertida. Minha intenção não é propor um novo dogmatismo, mas uma ampliação da liberdade interior.

Pois o grande prazer é o sentimento de estar livre das "pressões" externas e internas. À medida que nos religamos à origem de toda a existência, todo e qualquer fator compensatório deve ser simplesmente expirado, mandado embora, sem quaisquer elaborações ou medidas terapêuticas. Com isso, praticamente se abandona o nível da consciência, no qual um problema deste tipo desempenhe um papel importante. Em vez disso, devemos estabelecer conexão com planos superiores. Nestes existem, por natureza, poucos problemas, visto que esse lugar é muito mais habitado pela alma e pelo amor, do que pelo ego e pelo medo.

Um interessante "efeito colateral" desse exercício é que, no dia a dia, a percepção, em geral, torna-se mais refinada e isso me deixa mais alegre.

Exercício 3: Manifestações Compensatórias – A Cura

A cura das manifestações compensatórias está estreitamente ligada ao amor-próprio. É claro que também queremos amar a nós mesmos, ainda que sejamos os maiores compradores/as compulsivos do Universo. E eu estou convencida de que: *quem ama a si mesmo, apesar de seus pontos-fracos, ainda que eles sejam muitos, tem a força para transformá-los em pontos-fortes!*

Então, vamos lá. Por meio deste exercício, desejamos examinar, com cuidado, o fator compensatório. Caso pertençamos ao grupo de pessoas para as quais uma pequena ou uma grande parte de suas compras serve para suprir carências afetivas, então, seria interessante saber para que serve uma "substituição" dessa natureza e, em vez de obter satisfação somente pelo consumo, poder chegar à plena realização dos mais profundos desejos de ordem pessoal.

Dê uma volta pela casa e faça uma lista das coisas supérfluas que encontrar pelo caminho. Anote tudo que acredita ter comprado sem ser em estado alerta de consciência, e sim pela inconsciente compulsão consumista. Inclua tanto o conteúdo do seu armário e das sapateiras, quanto as coisinhas mais insignificantes. A quantas anda a estante de CDs? Livros, computadores, vídeos, o que você não usa tanto, o que não usa nunca e, olhando bem de perto, nem quer mais usar? Relacione também as grandes aquisições – quadros, móveis, carros, iates, casas de veraneio. Tudo deve ser anotado.

Coloque-se diante de cada coisa (ou de uma foto ou símbolo de uma viagem ou serviço desnecessários), vá até o mais íntimo de si e procure identificar que *sentimento* essa compra lhe proporcionou!

Na verdade, todos nós queremos apenas uma coisa: sentirmo-nos felizes. Então, devemos nos amar, mesmo tendo passado pelo caminho tortuoso do consumo compulsivo que nos fez compreender que, em essência, não nos proporcionou a felicidade pela qual ansiamos verdadeiramente. Não importa. Não deixe que isso o atrapalhe. Mantenha-se diante do que comprou e observe quais sentimentos experienciou ao adquiri-lo. E, *acima de qualquer coisa*, ame a si mesmo, independentemente de como possa se sentir ridículo, após a descoberta que fizer.

E, por favor, não pense que por causa de um estranho impulso repentino dessa natureza, isso tenha feito com que você se tornasse um ser estranho. Imagine, há muito tempo nós sabemos que a maioria das pessoas faz a mesma coisa, mesmo que não admita!

Eu admito de boa vontade: a minha lista tinha páginas e páginas. Do momento que consegui me amar, apesar de todos esses sentimentos, no fim das contas, senti-me bem demais. Senti que, a partir daquele dia, estava preparada para me desfazer de muitas coisas.

Mas dê continuidade ao texto dos exercícios e fique tranquilo. É só um jogo: todas as compras que são frutos do consumismo compulsivo, de alguma forma, acabam contribuindo para que nos sintamos, por um breve momento, realizados e felizes, pelo menos, é o que imaginamos. Pois o efeito dura até finalizarmos a compra; quando chegamos em casa, a maior parte do efeito já se dissipou. Ou acontece como no caso do "piloto de Porsche" do primeiro capítulo: três dias após a compra, o Porsche já não passava de um mero meio de transporte para levá-lo de A até B.

Por meio desse exercício, investigamos qual é o sentimento principal que mais gostamos de "comprar". Aliás, para todas as pessoas é quase sempre o mesmo, só que, em termos individuais, assume um "colorido" diferente... E, por tudo isso, nesta parte, por favor, dê uma volta pela sua casa (se estiver viajando, faça isso assim que chegar). Ponha-se diante do fruto de uma compra compulsiva, tome nota e, ao lado, registre qual sentimento está relacionado ao objeto.

Exemplos do que poderia figurar em uma lista como essa:

- Todos os tipos de Buda – e imagens em geral. Sentimento: esperança de receber ajuda mágico-energética por meio de um símbolo. Por um lado, isso não é tão sem sentido, pois, símbolos bonitos, ao alcance de nossos olhos, expostos na sala certamente também chegam ao subconsciente das pessoas. Parece que juntei símbolos demais de uma mesma coisa. Não consigo distinguir um único em meio a essa quantidade toda.

• Caríssimas bonecas de porcelana para colecionadores, realmente lindas, de alta qualidade, muito bem acabadas e com rostos bastante expressivos. Sentimento: substituto para amor, proteção, proximidade.

• Objetos de luxo de todos os tipos. Sentimento: abundância, segurança, poder. Ou: alegria pela beleza do objeto! Nessas viagens rumo a autodescobertas, não se trata de considerar algo bom ou ruim, mas tão somente da autodescoberta em si. Alegria pela beleza é naturalmente uma qualidade muito superior, por exemplo, à satisfação da necessidade de afirmação social. Simplesmente seja honesto para consigo mesmo, você não será submetido a um júri e, além de você, ninguém precisa saber disso.

• Com frequência, é no armário onde mais se pode encontrar o sentimento de ser bastante elegante, bastante feminina, bastante masculino. Isso tem a ver, única e exclusivamente, com a autoconfiança.

• Ter vários exemplares de uma mesma coisa: no caso de alemães, herança do período pós-guerra, medo de faltarem as coisas, como na época de nossos avós; o sentimento de por segurança precisarmos urgentemente de reserva, se algum dia essa cor, esse modelo etc. não existirem mais para comprar.

• Brinquedos em demasia para as crianças. Sentimento: medo de crianças choronas, que só reclamam e medo de se sentir sobrecarregado, se elas exigirem demais a sua atenção. A experiência ensina que um breve momento de atenção, na maioria das vezes, é suficiente para elas que logo ficam saturadas da mãe e do pai e, por si sós, procuram coisas mais interessantes para fazer. Em outras palavras, elas vão procurar sozinhas algo completamente diferente para brincar. O medo que tento conter durante as vinte e quatro horas do dia quase sempre é infundado. Além do mais, em "minutos intensos", obtém-se exatamente aquilo que se deseja, como por exemplo, na ocasião da compra de uma boneca de coleção. Outro sentimento possível: medo de que as crianças não consigam aprender nada. Então se compra uma série de brinquedos educativos e maletas de cientista júnior. Ou: você gosta de brincar com essas coisas e compra tudo o que adoraria ter tido em sua infância. Dica: mande fazer um depósito de brinquedos e pegue um de cada vez. Assim, a alegria por eles é bem maior.

Acredito que a quantidade de exemplos seja suficiente e, agora, você já pode partir para verificar quais os sentimentos que se escondem por trás de sua compulsão consumista. Então vamos lá. Levante-se, pegue um papel e faça anotações. Eu prometo que não escreverei mais nada, até que você tenha concluído sua própria lista.

O que você descobriu? Houve sentimentos que você particularmente tenha comprado mais vezes e que, de repente, começaram a aparecer com frequência? Muitas pessoas compram amor e proteção com especial constância, outras, predominantemente, autoestima ou também – de forma bem mais sutil – afirmação e destaque social. O *não comprar* o *último modelo* da moda faz com que lhe apareçam medos, como por exemplo, o de "não ser deste mundo", o de não pertencer a uma sociedade com a qual, na maioria das vezes, no fundo do coração, você não desejaria realmente ter qualquer relação? É isso que está por trás? Mas como faz sentido gastar dinheiro devido a esses medos! Estas são, sim, subespécies de uma autoconfiança comprada, mas que não podem ser comparadas a dos seus vizinhos, sócios etc.

Também o desvio do foco de atenção, o recalque, a vingança e muitos outros motivos interessantes podem ser descobertos nos bastidores do consumo compulsivo.

Não é, de forma alguma, um tanto quanto consolador saber que grande parte de nosso produto interno bruto sequer existiria, não fossem tais neuroses do dia a dia? Refiro-me a não precisarmos ter medo de estar levando uma vida afetiva fora do comum. Isso é normal. Não precisamos de ninguém para nos dizer que não somos normais, se encontramos, em nosso interior, tais sentimentos e temores. Nós somos até muito normais. Normais demais para o meu gosto. Pois, se essa é a norma, então, prefiro me afastar do normal e ser um pouquinho "anormal".

O que devemos fazer então, agora que já sabemos que tipo de sentimento sempre procuramos "comprar" com o consumo compulsivo?

- Autoestima.
- Confiança em geral – certeza de que nada faltará.
- Segurança.
- Proximidade, proteção.
- Afirmação social, pertencimento ao grupo.
- Reconhecimento.
- Sentimentos de sucesso.
- Orgulho por alguma coisa.
- Sentimento de estar vivo, ativo.

Ao *não se comprar* alguma coisa, podem surgir sentimentos negativos como o medo de ser sem graça ou caipira, se não seguir todas as tendências:

- Medo de ter a imagem prejudicada etc.

Em um papel, anote os sentimentos mais importantes que descobriu e cole-o no encosto da cama, embaixo do abajur da mesa de cabeceira, no grande espelho do banheiro, em qualquer lugar que sua vista alcance facilmente.

Todas as manhãs escolha um dos sentimentos que consta da lista e imagine, com toda a determinação, o que você poderia fazer para realizá-lo de forma não material.

Pelo fato de os sentimentos e temores serem seus, com certeza as melhores ideias para esses exercícios seriam as suas próprias. Os exemplos que seguem são, portanto, concebidos apenas como estímulo, ajuda e apoio, caso lhe falte criatividade nessa área.

Combine consigo mesmo um período de tempo, determine por quanto tempo você gostaria de fazer esse exercício diário. Mínimo: um mês!

Exercícios

Você está diante do espelho escovando os dentes e seu olhar recai sobre a palavra "*segurança*". Você deseja ter o sentimento de segurança. Tente compreender, com total clareza, que segurança absoluta não existe. Mesmo que você tenha juntado milhões e, com isso, tenha aquietado o seu medo da miséria, mesmo assim, você já percebeu, há muito tempo, que uma grande fortuna é capaz de gerar novas inseguranças. Medo de arrombadores, medo de trapaceiros, medo de pessoas que possam estar de olho somente no seu dinheiro; medo de tomar decisões erradas a respeito de investimentos e também na administração da própria fortuna etc.

Eu lhe garanto que se você, internamente, tiver medo de não ter segurança suficiente, com certeza enxergará em todos os lugares ou em todas as situações, alguma coisa que lhe inspire *insegurança*. Por temer a insegurança, você pode se torturar com, por exemplo, a questão de seus amigos serem sinceros com você ou de estarem apenas querendo tirar proveito do seu dinheiro. É melhor se esquecer por completo da ideia de segurança total. Ela não existe, não precisamos disso, não queremos isso. Nós queremos o *sentimento* de segurança e isso nós podemos criar. Aliás, bem facilmente. Ainda ao escovar os dentes, você pode se voltar para o seu íntimo e procurar perceber como é a segurança para você.

Como você se sentiria se pudesse reconstruir o mundo de maneira que tudo passasse a ser do jeito que você quer? Como seria o sentimento diante disso? Em que lugar você poderia sentir isso mais intensamente, como isso se expressa?

Toda pessoa traz consigo uma ideia ou um resto de lembrança de um sentimento assim. Observe bem esse resto de lembrança e procure sentir cada detalhe, como e onde, em seu corpo, de acordo com sua percepção, este sentimento se expressa. À medida que você o observa, com o passar do tempo, ele adquire mais força. Só por ter o propósito e por ter direcionado sua atenção para o sentimento, isso já é o suficiente para intensificá-lo, mesmo que, a princípio, você tenha pensado que não seria capaz de sentir nada ou quase nada.

Como exercício para esse dia, você pode pensar numa situação que você considere segura e dê a si mesmo a incumbência de, nesse momento, desfrutar desse sentimento de segurança de forma totalmente consciente.

Talvez você também tenha um sentimento de segurança ao cozinhar, lavar o carro (não importa há quanto tempo você não faz isso, pode ser uma possibilidade), escrever cartas, selecionar, organizar ou o que quer que seja. Com toda a certeza há alguma coisa que lhe pareça relativamente segura. Talvez também lhe dê segurança encontrar uma determinada pessoa e conversar com ela. À medida que você, conscientemente, percebe o sentimento de segurança, ele se intensifica.

Barbeando-se pela manhã/maquiando-se pela manhã ou penteando-se diante do espelho, seu olhar recai sobre a palavra *"proteção"*.

O jogo é o mesmo: primeiramente, você observa o sentimento de proteção dentro de si mesmo. Não se esforce, não tente fazer com que ele cresça ou se intensifique. Simplesmente observe o resto, o que sobrou dele. Se fizer isso com maior constância, o sentimento, por si só, intensifica-se organicamente. Você não precisa puxar e repuxar o sentimento mentalmente para ver se ele cresce. Observar, olhar, só isso basta.

Pense em alguma coisa que poderia lhe dar o sentimento de proteção nesse dia. Talvez agora já seja inverno e você se sinta sempre tão bem protegido e aconchegado no mais espesso dos seus casacos de inverno. Vista-o, mesmo que nem esteja fazendo tanto frio assim. Vista-o e perceba completamente, em detalhes, a porção de proteção que isso lhe confere.

Quem sabe um bom banho quente de banheira o lembre da proteção dos tempos da infância? Então, quando chegar do trabalho, tome um banho desses. Durante o banho só não vale pensar em momentos de estresse no escritório, senão o banho será em vão. Entre na banheira e enfeite tudo ao seu redor, de modo que se sinta especialmente protegido ao fazê-lo e possa desfrutar inteiramente desse sentimento.

Que amigos lhe transmitem um sentimento de proteção? Vá se encontrar com eles. Mesmo que seja apenas por meia-hora, para tomar um chá. Ao fazê-lo, vivencie, com total consciência, o desejado sentimento de proteção.

Proceda assim com todos os sentimentos que houver descoberto por trás dos objetos comprados:

- Buscar e observar o sentimento dentro de você.
- Com total consciência, vivenciar esse sentimento em algo concreto.

Ah, sim: naturalmente, pode ser o mesmo sentimento ao longo de dois ou três dias. Depois, renove a sua escolha e determine a que sentimento será dispensada atenção, na data presente.

Exercício 4: A Pausa Criativa

Você é uma pessoa livre, possui clareza interna e vivacidade – você poderia ter mais riqueza do que essa? Não, provavelmente não. Por que, então, não fazer mais um experimento consigo mesmo?

Um treinamento de sobrevivência certamente é uma experiência interessante para qualquer um. Se você achar que isso é demais, faça uma pausa em todas as suas compras pelo período de um mês. Durante um mês inteiro, não compre nada para você. Audaciosamente, estenda o experimento pessoal para a sua empresa. Finalmente teremos o tempo de um mês inteiro para preencher o vazio proporcionado pelo não comprar, com outras coisas. E eu não me refiro a ver televisão.

Em vez disso, que tal fazer muitas visitas a amigos e também recebê-los em sua casa? Apenas aquele que vem, mesmo quando só há pão e água, é um verdadeiro amigo!

Há pouco tempo li duas belas frases em um álbum de poesia:

Amigos verdadeiros são pessoas que nos conhecem muito bem e, mesmo assim, não nos abandonam.
Marie von Ebner-Eschenbach

Assim sei reconhecer o amigo, por ele não querer me entreter ou se entreter, mas apenas por querer se sentar ao meu lado.
Jean Paul

Marie von Ebner-Eschenbach viveu de 1830 a 1916 e Jean Paul mais cedo ainda, isto é, de 1763 a 1825. Já não se fazem mais citações como antigamente... Por quê? Porque ambas as citações abordam sentimentos que cada vez mais foram caindo em esquecimento. Nosso estilo de vida predominado pelo estresse (conforme já mencionado, querer estar sempre na *moda*), transmite-nos um sentimento de perda de tempo, se simplesmente nos sentamos junto a um amigo e damos tempo a nossa alma para relaxar. Em nossos dias, as pessoas, quando se veem, acreditam que deva ser para falar e aproveitar o tempo para trocar o máximo de informações possíveis, ou então, para se entreterem bastante. E só. Tem de haver alguma vantagem. Tudo mais parece ser desperdício de tempo.

Confesso franca e livremente que também adoro tudo que é rápido, a abundância de informações, a diversidade, saber da última novidade. Contudo, as citações extraídas do álbum de poesia com certeza despertam o anseio de inserir o seguinte no dia a dia:

- Sentar juntos por alguns momentos ou até mesmo por algumas horas e simplesmente *Ser*.
- Liberdade para fazer o que quiser, sem pensar em metas a cumprir, sem pensar em obrigações. Viajar sem rumo, ao redor do mundo, na companhia dos filhos ou dos bichos de estimação.
- Dar um tempo à alma para relaxar.

Agora, a partir de hoje, temos um mês inteiro pela frente para poder incluir exatamente essas qualidades em nossa vida. Por exemplo, procure ex-compradores compulsivos que poderiam fazer esses exercícios com você e, simplesmente, desfrute desse momento em comum. Ao mesmo tempo, também é permitido passear e curtir a natureza. A alma relaxa muito mais em lugares bonitos ao ar livre.

Quando você perceber inquietação ou sentir algo como "tenho de ir agora comprar alguma coisa!", esse é o momento de espiar para dentro e tentar identificar com que verdadeira e positiva qualidade esse vazio seria mais bem preenchido, do que com uma compra, uma ida a um café ou a um bar. Preencha o vazio com qualidade. Isso você consegue facilmente, pois, se *você*, que se fez milionário, não tivesse disciplina, imagina quem mais a teria?

Após o mês de privação, você poderá voltar a fazer compras normalmente e verá como lhe será mais fácil observar sua compra com certo distanciamento, e decidir com toda tranquilidade se precisa realmente de determinada coisa ou se aquilo seria somente uma compra amparada em fatores compensatórios.

Mas, cuidado! Não vire um pão-duro, senão a armadilha do pão-durismo se fecha sobre você! Pão-durismo cria, na mente, padrões de carência. Repetir tais padrões faz com que você, estranhamente, vá ficando cada vez mais sem dinheiro. É melhor que você gaste logo o dinheiro, antes que ele lhe seja tomado das mãos pelo destino que se supõe. Entretanto, isso nem é destino, mas o novo padrão inconscientemente estabelecido por você. E, realmente, não é nada divertido substituir a compulsão consumista pelo dinheiro curto.

Isso seria como substituir um problema por outro ainda maior. É como parar de fumar e, para compensar a falta do cigarro, começar a beber até cair. Nesse caso, certamente você estaria melhor se tivesse continuado a fumar. Substituir a compulsão consumista por pão-duro enrustido e sentimentos de carência, atrapalha muito mais do que ajuda. O dinheiro quer se manter em fluxo e quer também poder fluir para você.

Portanto, é importante que não importando como a sua compulsão consumista lhe pareça, preze por substituí-la por algo que lhe seja positivo:

- Faça doações ou trabalhos assistenciais: mantenha um contato pessoal com a organização que recebe as doações e alegre-se pelo bem que seu dinheiro possa fazer aos outros (conforme exemplo de Oprah Winfrey).
- Faça uma lista com todas as coisas que lhe tragam alegria. Inclua tudo, aborde todas as áreas: amigos, dança, canto, natureza, esporte, bem-estar, cursos de extensão etc. Reserve um tempo para pensar nas coisas que realmente melhorariam a sua qualidade de vida. Anote e pendure-a na parede de seu quarto, garantindo que essas áreas venham a ter espaço suficiente em sua vida!
- O verdadeiro luxo é poder ser inteiramente quem se é.
- O verdadeiro luxo é poder não temer ser autêntico.
- O verdadeiro luxo é se sentir livre e acolhido nesta vida.
- O verdadeiro luxo é a capacidade de sentir alegria, de se sentir aceito e de desfrutar de tudo isso.

• O verdadeiro luxo é comprar as coisas por sentir enorme gratidão e profunda alegria em poder fazê-lo, jamais por motivos diferentes destes.

ANEXO

Etapas subsequentes, sugestões e endereços para contato

Alcançando a tranquilidade interior

Desde o lançamento do livro de Hape Kerkeling[22], *Ich bin dan mal weg* (Volto Já – Minha Viagem pelo Caminho de Santiago de Compostela), muitos milionários se encontram no Caminho de Santiago. Conversando ao telefone, constatei que um em cada dois dos leitores de prova que pertencem ao público-alvo deste livro, ou havia acabado de voltar de lá ou estava de saída para Santiago. Natureza, silêncio interior e, uma vez, poder experienciar a si mesmo,

---
22 Célebre humorista da televisão alemã, conhecido pelas imitações de personalidades, fez o caminho de Santiago de Compostela e descreveu sua experiência no livro, de modo *sui generis*, em tom humorístico, cativando grandiosamente o público alemão. Em pouquíssimo tempo, o livro se transformou em *best-seller* internacional (N.T.).

em meio a uma intensa atividade física, certamente é de grande valia na jornada rumo a uma maior riqueza interior.

Se é que se pode acreditar na imprensa, Paris Hilton deve ter se alegrado como nunca antes, assim que pôde reclinar sua cabeça novamente sobre um bom travesseiro, após o período que passou na prisão. Levar uma vida sem luxos durante algumas semanas, de todo modo, reaproxima-nos de nossa essência e reforça o valor que devemos dar ao que temos. Não importa se pedalando pelo mundo, caminhando, fazendo retiro espiritual, em acampamento para "busca da visão", meditando num mosteiro ou qualquer outra atividade que exija simplicidade na rotina.

Cantar também é sempre bom, estabiliza a mente de forma notável. Em *Ashrams* indianos, diariamente, canta-se horas a fio ininterruptamente. Na Alemanha há diversas possibilidades de participação em *workshops* de canto.

Para os que leem alemão, passo algumas sugestões mais concretas, além de endereços para contato, em minha página na internet www.baerbelmohr.de, clicar em "Bücher" (livros) e, então, descer com o *scroll* até este livro; lá você encontrará o link "Tipps Rund um den Einkaufsratgeber für Milionäre", referente a todas as dicas e sugestões a respeito deste guia.

Descobrindo a si mesmo

Não importando se você tira férias para caminhar, cantar ou meditar ou se, como sempre, fica sentado no escritório quinze horas por dia, enquanto isso, você poderia fazer a si mesmo algumas perguntas que seriam bastante proveitosas para o aumento de sua própria riqueza interior. Seguem algumas dicas de Benno Scheyer, que talvez você já conheça por suas entrevistas:

- Na verdade, o que estou fazendo aqui o dia inteiro? Ao mesmo tempo, procure assumir a posição do observador interior, interrompa a identificação com a atividade que exerce e questione a si mesmo em relação a tudo o que faz.

- Por que, por qual razão, para que, para onde?
- O que posso estar tentando compensar por meio da atividade que exerço?
- A atividade que exerço corresponde ao meu verdadeiro desejo do coração?
- É isso o que realmente quero fazer?

Quando esse questionamento é feito com certa frequência, na maioria das vezes resulta, por si só, em nova estruturação da vida a favor de uma maior riqueza interior. Ademais, não é necessário que sejam tomadas decisões de rompante, e sim que seja feita uma transformação da vida, aos poucos, para que se aprenda a lidar com o desapego e a integrar novas qualidades à vida.

A esse respeito, valiosas dicas de Harald Wessbecher e Giovanni Curto (também extraídas da entrevista):

Ao reestruturar sua vida, pergunte a si mesmo:

- Que pessoas e atividades *me dão* energia? – E quais são as que me roubam energia? A que eu deveria me dedicar mais, e o que eu deveria deixar como está?

Os sinais indicadores da via que leva ao coração são os mesmos indicadores da via que leva ao sentimento de bem-estar. Com isso, é claro que não estou querendo dizer que se deve descuidar da casa e deixar a declaração de Imposto de Renda apodrecer na gaveta, porque isso tudo é muito estressante, e ir se bronzear ao sol é a solução. Neste caso, evidentemente não é o coração falando mais alto, mas a indolência. Refiro-me a coisas muito diferentes, como por exemplo, novas reflexões a respeito do que é realmente necessário, além disso, a simplificação a vida, de modo que se possa ter tempo para descobrir quais são os próprios desejos do coração.

Lembre-se do exercício da lista de trinta pontos e anote trinta coisas que você gosta de fazer! Integre mais dessas coisas à sua vida e continue se perguntando:

Na verdade, por que faço isso? Isso me dá energia? Como me sinto com isso?

Permito-me, de vez em quando, que minha alma relaxe? Ainda consigo fazer isso?

Se a resposta for não, vá brincar com seus filhos! Eles conseguem!

Conselheiros qualificados para a sua maior riqueza interior

Naturalmente que no seu caso qualificados são especialmente outros milionários que, do mesmo modo, estão a caminho nessa jornada rumo à riqueza interior, ou que já chegaram lá. Alguns endereços e dados para contato, você encontra em minha homepage. Também dos senhores que me concederam as entrevistas. Da única dama entrevistada até agora, Louise Hay, há muitos livros e também audiolivros sobre todos os temas possíveis; ela é uma locutora muito carismática, idosa, porém, muito bem-disposta, muito lúcida em tudo o que faz e diz. Você encontra suas obras em qualquer livraria virtual, ou então, no website de sua editora, a Hay House Publishing.

Finalizando com mais uma dica de uma avaliadora da prévia deste livro

Quando penso em qual época fui mais feliz na minha vida e, especialmente, de quais momentos gosto de recordar, remeto-me sempre a acontecimentos no nível interpessoal, como por exemplo, as boas horas que passei junto aos amigos e à família ou qualquer coisa do gênero. Os melhores momentos da minha vida jamais tiveram algo a ver com dinheiro, consumo ou realizações materiais, muito pelo contrário. Os melhores momentos da minha vida sempre tiveram a ver com a plenitude interna de um sentimento, que só poderia ser mesmo proporcionada pela riqueza interior.

Nesse sentido, desejo a todos os leitores, sempre, sempre, muiiiiiiiiiita riqueza interior!

Bärbel Mohr

Sucessos de *ZIBIA GASPARETTO*

Crônicas, romances mediúnicos e livros. Mais de dez milhões de exemplares vendidos. Há mais de quinze anos, Zibia Gasparetto vem se mantendo na lista dos mais vendidos, sendo reconhecida como uma das autoras nacionais que mais vendem livros.

Livro: Zibia Gasparetto

- Reflexões Diárias

Crônicas: Silveira Sampaio

- Pare de Sofrer
- O Mundo em que Eu Vivo
- Bate-Papo com o Além
- O Repórter do Outro Mundo

Crônicas: Zibia Gasparetto

- Conversando Contigo!
- Eles Continuam Entre Nós

Autores Diversos

- Pedaços do Cotidiano
- Voltas que a Vida Dá

Romances: Lucius

- O Amor Venceu
- O Amor Venceu (em edição ilustrada)

- O Morro das Ilusões
- Entre o Amor e a Guerra
- O Matuto
- O Fio do Destino
- Laços Eternos
- Espinhos do Tempo
- Esmeralda
- Quando a Vida Escolhe
- Somos Todos Inocentes
- Pelas Portas do Coração
- A Verdade de Cada Um
- Sem Medo de Viver
- O Advogado de Deus
- Quando Chega a Hora
- Ninguém é de Ninguém
- Quando é Preciso Voltar
- Tudo Tem Seu Preço
- Tudo Valeu a Pena
- Um Amor de Verdade
- Nada é Por Acaso
- O Amanhã a Deus Pertence
- Onde Está Teresa?
- Vencendo o Passado
- Se Abrindo pra Vida

Sucesso de *SILVANA GASPARETTO*

Obra de autoconhecimento voltada para o universo infantil. Textos que ajudam as crianças a aprenderem a identificar seus sentimentos mais profundos tais como: tristeza, raiva, frustração, limitação, decepção, euforia etc., e naturalmente auxiliam no seu processo de autoestima positiva.

- Fada Consciência

Sucessos de *LUIZ ANTONIO GASPARETTO*

Estes livros vão mudar sua vida! Dentro de uma visão espiritualista moderna, estes livros vão ensiná-lo a produzir um padrão de vida superior ao que você tem, atraindo prosperidade, paz interior e aprendendo acima de tudo como é fácil ser feliz.

- Atitude
- Faça Dar Certo
- Se Ligue em Você (adulto)
- Se Ligue em Você – nº 1 (infantil)
- Se Ligue em Você – nº 2 (infantil)
- Se Ligue em Você – nº 3 (infantil)
- A Vaidade da Lolita (infantil)
- Essencial (livro de bolso com frases de autoajuda)
- Gasparetto (biografia mediúnica)
- Prosperidade Profissional
- Conserto Para uma Alma Só (poesias metafísicas)
- Para Viver Sem Sofrer

Série AMPLITUDE
- Você está Onde se Põe
- Você é Seu Carro
- A Vida lhe Trata como Você se Trata
- A Coragem de se Ver

CALUNGA
- "Um Dedinho de Prosa"
- Tudo pelo Melhor
- Fique com a Luz...
- Verdades do Espírito

LUIZ ANTONIO GASPARETTO EM CD

Aprenda a lidar melhor com as suas emoções para conquistar um maior domínio interior.

Série PRONTO SOCORRO
Autoajuda

1 – Confrontando o Desespero
2 – Confrontando as Grandes Perdas
3 – Confrontando a Depressão
4 – Confrontando o Fracasso
5 – Confrontando o Medo
6 – Confrontando a Solidão
7 – Confrontando as Críticas
8 – Confrontando a Ansiedade
9 – Confrontando a Vergonha
10 – Confrontando a Desilusão

Série VIAGEM INTERIOR (vols. 1, 2 e 3)
Autoajuda • Exercícios de Meditação

Por meio de exercícios de meditação, mergulhe dentro de você e descubra a força de sua essência espiritual e da sabedoria. Experimente e verá como você pode desfrutar de saúde, paz e felicidade desde já.

- **Prosperidade**
- **A Eternidade de Fato**
- **Conexão Espiritual**

Série CALUNGA
Autoajuda

- Prece da Solução
- Chegou a Sua Vez!
- Presença
- Tá Tudo Bão!
- Teu Amigo

Série PALESTRAS
Autoajuda

- S.O.S. Dinheiro
- Mediunidade
- O Sentido da Vida
- Os Homens
- Paz Mental
- Romance Nota 10
- Segurança
- Sem Medo de Ter Poder
- Simples e Chique
- Sem Medo de Ser Feliz
- Sem Medo da Vida
- Sem Medo de Amar
- Sem Medo dos Outros

Série REALIZAÇÃO
Autoajuda

Com uma abordagem voltada aos espiritualistas independentes, eis aqui um projeto de 16 CDs para você melhorar. Encontros com o Poder Espiritual para práticas espirituais de prosperidade. Nesta coleção você aprenderá práticas de consagração, dedicação, técnicas de orações científicas, conceitos novos de forma espiritual, conhecimento das leis do destino, práticas de ativar o poder pessoal e práticas de otimização mental.

Série VIDA AFETIVA
Autoajuda

1 – Sexo e Espiritualidade
2 – Jogos Neuróticos a Dois
3 – O que Falta pra Dar Certo
4 – Paz a Dois

Série LUZES
Autoajuda • Coletânea com 8 CDs • Volumes 1 e 2

Este é um projeto idealizado pelos espíritos desencarnados que formam no mundo astral o Grupo dos Mensageiros da Luz. Por meio de um curso ministrado no Espaço Vida & Consciência, pela mediunidade de Gasparetto, eles nos revelaram os poderes e mistérios da Luz Astral, propondo exercícios para todos aqueles que querem trabalhar pela própria evolução e melhoria do planeta. Nesta coletânea, trazemos essas aulas, captadas ao vivo, para que você também possa se juntar às fileiras dos que sabem que o mundo precisa de mais luz.

Série ESPÍRITO
Autoajuda

1 – Espírito do Trabalho
2 – Espírito do Dinheiro
3 – Espírito do Amor
4 – Espírito da Arte
5 – Espírito da Vida
6 – Espírito da Paz
7 – Espírito da Natureza
8 – Espírito da Juventude
9 – Espírito da Família
10 – Espírito do Sexo
11 – Espírito da Saúde
12 – Espírito da Beleza

Série PALESTRA
Autoajuda

1 – Meu Amigo, o Dinheiro
2 – Seja Sempre o Vencedor
3 – Abrindo Caminhos
4 – Força Espiritual

LUIZ ANTONIO GASPARETTO EM DVD

O MUNDO EM QUE EU VIVO
Autoajuda

Momentos inesquecíveis da palestra do Calunga proferida no dia 26 de novembro de 2006 no Espaço Vida & Consciência.

ESPAÇO VIDA & CONSCIÊNCIA

É um centro de cultura e desenvolvimento da espiritualidade independente.

Acreditamos que temos muito a estudar para compreender de forma mais clara os mistérios da eternidade.

A Vida parece infinitamente sábia em nos dotar de inteligência para sobreviver com felicidade, e me parece a única saída para o sofrimento humano.

Nosso espaço se dedica inteiramente ao conhecimento filosófico e experimental das Leis da Vida, principalmente aquelas que conduzem os nossos destinos.

Acreditamos que somos realmente esta imensa força vital e eterna que anima a tudo, e não queremos ficar parados nos velhos padrões religiosos que pouco ou nada acrescentaram ao progresso da humanidade.

Assim, mudamos nossa atitude para uma posição mais cientificamente metodológica e resolvemos reinvestigar os velhos temas com uma nova cabeça.

O resultado é de fato surpreendente, ousado, instigador e prático.

É necessário querer estar à frente do seu tempo para possuí-lo.

Luiz Antonio Gasparetto

Mais informações:

Espaço Vida e Consciência – SP
Rua Salvador Simões, 444 – Ipiranga – São Paulo – SP
CEP 04276-000 – Tel./Fax: (11) 5063-2150
Espaço Vida e Consciência – RJ
Rua Santo Amaro, 119 – Glória – Rio de Janeiro – RJ
CEP 22211-230 – Tel./Fax: (21) 3509-0200
E-mail: espaço@vidaeconsciencia.com.br
Site: www.vidaeconsciencia.com.br

INFORMAÇÕES E VENDAS:

Rua Agostinho Gomes, 2312
Ipiranga • CEP 04206-001
São Paulo • SP • Brasil
Fone / Fax: (11) 3577-3200 / 3577-3201
E-mail: editora@vidaeconsciencia.com.br
Site: www.vidaeconsciencia.com.br